디지털 애니메이션 스토리텔링

차례
Contents

상상력의 변화는 어디에서 오는가?

디지털? 돼지털? 디지털은 무엇인가

　디지털이 무엇인가? 디지털 스토리텔링이니 새로운 시대니 하는데, 이 말을 한 마디로 요약하는 사람은 드물다. 새로운 시대의 새로운 상상력, 디지털적 상상력이니 하는 말은 어떻게 설명해야 하는가. 우선 '디지털(Digital)' 그리고 '디지털 스토리텔링(Digital Storytelling)'이란 말에 대해 생각해보자. 2000년대 초반, 모 전자 업체의 광고 중에 이런 것이 있었다. 시장에서 생선을 고르는 남편, 남편은 핸드폰 카메라로 아내에게 생선을 찍어 보여주면서, 생선이 어떠냐고 묻는다. 생선가게 할머니가 "그게 뭐여?"라고 묻고, 남편은 "디지털 세상이잖아

요"라고 대답한다. 할머니는 "뭐? 돼지털?" 하며 놀란다. 디지털이 무엇인지를 몰라도, 이미 디지털 문화를 즐기고 있는 우리는 한 가족이라는 의미의 이 광고는 '디지털'에 대해 우리가 가진 감각을 보여주는 아주 특징적인 광고이다. '새로운 기술', 그 기술이 뭔지는 모르지만, 그 기술을 이용하는 사람들의 마음을 따뜻하게 해주기 위해 필요한 기술. 이런 막연한 신뢰 말이다.

다시 본론으로 돌아와 보자. '디지털'이란 무엇인가. 0과 1의 두 가지 숫자로 모든 형상을 받아 읽어내는 것. 우리는 보통 디지털을 이렇게 사전적으로 정의한다. 그러나 이런 사실을 안다고 위의 할머니와 우리가 다를 바는 없다. 사전적인 지식을 안다고 해도, '디지털 시대의 상상력'이 도대체 이전과 무엇이 다른지, 그래서 우리는 어떻게 해야 하는지를 말할 수 없기 때문이다. 세상의 모든 인식과 이미지를 숫자와 기호로 표시할 수 있다고 해보아야, 매트릭스 안에 살고 있는 우리와는 별로 관계가 없는 느낌을 받는 것이다. 우리는 마치 광고 속 할머니처럼 '디지털'을 '돼지털'로 이해하지만, 어찌 되었든 삶이 편해졌으니 그만인 것이다.

이 광고가 보여주는 또 하나의 핵심은 디지털 시대에 대처하는 많은 사람들의 분위기에 있다. 새로운 시대를 맞이하는 사람들의 반응은 두 가지 정도로 정리된다. 하나는 새로운 기술에 몰두하는 사람들, 이른바 얼리어댑터(Early adapter)라고 하는 이 사람들은 새로운 기계와 기술에 심취하고 즐기는 사람들이다. 내용보다도 형식이 중요한, 그래서 좀 과장되게 표현하자면 형식과 기술이 세상과 내용을 만든다고 믿는 사람들이다.

다른 한 무리의 사람들은 기술이 아무리 바뀌어도 그걸 다루는 사람들이 '인간'임을 강조하며 기술과 상관없이 살아가는 사람들이다. 변화하지 않는 보편적인 그 무엇이 '디지털'이든 뭐든 변화하지 않은 채 존속한다고 믿으면서, '디지털'은 '돼지털'이어도 무관하고, 그 핵심에 변하지 않는 인류의 문화와 원형적 상상력을 담아야 한다는 것을 믿는 사람들이 바로 이런 '휴머니즘'을 기반에 둔 사람들이다. 그런 점에서 이 광고가 뜻하는 바, 디지털 기술이 있어도 인간이 살아가는 방식이 중요하다는 휴머니즘 중심의 광고가 보여주는 것이 바로 우리가 디지털 문화를 이해하는 코드인 것이다.

고전적 스토리 vs 디지털 스토리텔링

인간의 상상력이냐, 디지털적 상상력이냐 하는 대립은 단순히 광고에만 나오는 도식적인 분류만은 아니다. 이야기 콘텐츠를 대상으로 하는 모든 이야기 분야에서 이들은 충돌한다. 그렇다면 '고전적 스토리'와 '디지털 스토리텔링'은 무엇이 다른가? '스토리' 아닌 '스토리텔링'에 '디지털'이라니. 그런데 듣도 보도 못한 용어가 세상을 떠돌고 있다. 태초의 인류가 문화를 형성했을 때부터 존재해온 '이야기(story)'에도 진정 새로운 변화가 불어오고 있는 것인가?

'디지털 스토리텔링(Digital Storytelling)'이란 신조어는 1995년 미국 콜로라도에서 열린 '디지털 스토리텔링 페스티벌'을 계기로 사람들에게 널리 알려지기 시작했다. 그 뒤 이 용어는 디지털 콘텐츠 산업에서 가장 큰 시장인 게임 산업에 대한 연구가 본격화되면서 자리 잡기 시작하였다. 그러나 실제로 이 용어의 실체가 무엇인지에 대해서는 아직도 논란이 많다.

우선 이 개념은 기존의 '이야기'에 '기술'이라는 측면을 덧붙인 개념으로 폭넓게 정의되고 있다. 인류의 위대한 유산인 문화와 정신의 측면에서만 다루어지던 '이야기'의 세계에 '기술'과 '매체'라는 것을 부가하여 그 의미를 찾는 것이다. 새로운 표현양식이 새로운 내용(story)을 만들어내는 것, 여기서 우리는 '디지털 스토리텔링'의 의미를 찾을 수 있다. 기술과 매체는 단순히 형식과 도구가 아니라 사람들의 인식을 변화시키는 핵심적인 기제인 것이다. 그래서 '스토리'가 아니라 '스토리텔링'이라고 했을 때는 이야기를 구성하는 매체의 성격, '담론(discourse)'이라고 할 수 있는 부분이 포함된다.

그렇다면 애니메이션과 디지털은 어떤 관련이 있는가? 글을 시작하기 전에 몇 가지 전제를 달자면, 이 글은 애니메이션에 대한 장르적 특성을 다루거나 미학적 특성을 설명하는 책은 아니다. '디지털 스토리텔링'의 관점에서 애니메이션의 스토리텔링, 즉 이야기적 속성에 대해서 말하는 책이다.

애니메이션, 디지털 스토리텔링의 선구자

'애니메이션은 무엇인가?'라는 질문에 "애니메이션은 생명이 없는 사물에 움직임을 연속적으로 만들어 생명을 불어넣는 동영상 작업을 총칭"한다는 사전적 정의를 일단 떠올려보자. 좀 우스꽝스럽지만 이런 질문을 해보자. '영화와 애니메이션 중 뭐가 좋아? 왜 애니메이션이 더 좋아?'라는 질문. 이 질문은 '왜 애니메이션이 어린 아이들이 즐겨 보는 장르로 인식되었는가'와도 연결된다.

어린 아이들은 모든 사물과 대화를 한다. 인형놀이하는 장면을 가만히 보면, 아이들은 인형에 생명을 불어넣는다. 아이들의 상상력 속에서 인형은 독특한 성격을 가지고 있으며, 때로는 말도 하고 때로는 움직인다. 애니메이션이란 바로 이것이다. "생명이 없는 사물에 생명을 불어넣는 작업", 즉 상상 속에 있는 모든 것을 이미지화하는 것이 바로 애니메이션의 특성이다. 그러니 눈에 보이는 것, 혹은 실재하지 않는 것 등을 상상할 수밖에 없지 않는가.

그래서 영화가 보여주는 리얼한 세계와 실제 현실과는 달리 애니메이션은 모든 배경을 이미지로 만든다. 따라서 그 모든 것은 상상의 세계, 혹은 상상 그 이상의 세계를 구성하는 것이다. 따라서 애니메이션의 스토리텔링을 한 단어로 정의하면 '환상(fantasy)'이다. '디지털'이 새로운 세계를 정의하는 키워드라면, 애니메이션의 '환상'이라는 키워드는 디지털 스토리텔링의 특성을 보여줄 수 있는 조화의 키워드가 아닐까.

하나의 별을 쫓아가는 시대의 인간은 행복했다는 루카치의 말을 인용이라도 하듯, 「신밧드-7대양의 전설」(팀 존슨, 2003, 드림웍스)의 첫 장면은 수평선 너머 하나의 별을 쫓아오라는 마녀의 속삭임으로 시작한다. "이 별을 쫓아와 그곳에 내가 있어." 디지털 시대의 새로운 지평을 열어주는 이 표현은 아주 상징적이다. 혼돈과 파괴의 그곳, 그 별의 끝에 디지털이 있다. 「신밧드-7대양의 전설」은 많은 이야기들의 근저를 이루는 신화, 민담, 로망스의 혼합으로 구성되어 있다. 이처럼 인류의 집단 판타지인 신화의 구조가 디지털 시대의 애니메이션에서 중복적으로 활용되는 것은 단순한 소재적 문제가 아니다.

최근 '디지털 기술의 발전'은 '스토리텔링'의 기반을 인류 최대의 보편 스토리인 신화로 회귀시킨다. 「매트릭스」와 「반지의 제왕」을 보고 세계가 열광하는 데에서 알 수 있듯 디지털 기술의 혁명은 이제 국경을 넘는 서사에 집착을 보이며, 이야기의 영역을 확장하여 새로운 세계를 여는 것이다. 「매트릭스」가 성경을 기초로 한 네오의 영웅 성장 서사에, 「반지의 제왕」이 악을 물리치는 호빗의 영웅 성장 서사에 기반을 두고 있는 점을 보자. 디지털 스토리텔링의 본령이라고 하는 게임을 보아도 마찬가지이다. 대부분의 게임은 조셉 캠벨의 영웅 서사를 기본 구조로 하여 유저에게 영웅 서사의 체험을 경험하게 한다. 즉, 디지털 기술의 발전은 현 단계에서는 '영웅 서사'라는 보편의 신화 서사로 많은 스토리들을 이끌고 있다.

애니메이션에 있어서 디지털 기술의 발전은 애니메이션이라는 장르가 가진 기대치를 뛰어넘는 새로운 가능성을 불러일으켰다. 이전의 애니메이션이 움직이지 않는 것들에 숨을 불어넣어 '상상의 세계'를 만드는 역할을 해왔다면, 이제 디지털 기술은 '상상하는 그 이상의 것'을 이미지로 만들어 우리에게 선사하기 시작했다.

애니메이션 스토리텔링, 어디로 갈 것인가

그러나 애니메이션이 디지털 기술 이전에 상상의 세계를 구축해오는 역할을 해왔다고는 해도, 디지털 스토리텔링의 발전이 반드시 애니메이션 스토리텔링의 변화와 일치하는 것은 아니다. 디지털 혁명에서 가장 큰 서사의 변화라면 '인터랙티비티(interactivity)', 즉 상호작용성이 스토리에서 중요한 역할로 작용하기 시작했다는 것이다. 디지털 환경의 참여적 속성으로 인해, 관객 혹은 참여자가 스토리의 변화에 직접 작용하며, 따라서 '다중 형식 스토리(the multiform story)'라는 형식을 가지게 되었다는 것이다. 즉, 관객과 스토리의 상호작용이 보다 밀접하게 나타나기 시작한 것이 디지털 서사의 변화의 핵심이다.

그러나 '애니메이션'을 장르적 의미로 보았을 때, 상호작용성이 존재하는 애니메이션은 존재하지 않는다. 그럼에도 기술의 진보는 앞으로 더욱 큰 변화를 가져오고 있으며, 특히 애니메이션을 광의로 파악하여 '기술'적 측면으로 보았을 때, '애니메이션'적인 요소는 게임, 영화, 광고, 음악 등 디지털 시대를 주도하는 문화와 밀접하게 연결된다.

　　디지털 콘텐츠의 핵심은 '원소스 멀티유즈(OSMU; One Source Multi-Use)'라고 할 수 있다. 애니메이션이 그 중심에 있다는 생각을 해보면, 애니메이션의 창작 과정에서 역시 인터렉티비티에 관한 고려, 그리고 다른 장르로의 변용을 생각하지 않을 수 없다. 이제까지 애니메이션 창작과 관련하여 시나리오만이 중심이 되었다면, 이제부터는 스토리텔링, 즉 창작의 여러 요소를 고려하여 그것의 변용까지 고려하는 태도가 필요하다고 할 수 있다.

'디지털 스토리텔링'과 만화가 만나는 장면?!

디지털 기술을 매체 환경 또는 표현 수단으로 수용하여 이루어지는 스토리텔링을 폭넓게 디지털 스토리텔링이라고 정의하는 것이 일반적이다. 그렇다면 스토리텔링과 인류의 정신문화에 영향을 끼친 '새로운 이야기 기술'은 어떤 특성을 가지고 있을까? 보통 '상호작용성', '비선형성', '복잡성' 등을 중요한 특성으로 꼽는다. 즉, 수용자(독자, 유저, 플레이어)라고 하는 '스토리텔링의 소비자'가 이제까지와는 달리 적극적으로 스토리에 개입함으로 해서 발생하는 여러 가지 특성들이 새로운 시대 스토리텔링의 속성이라는 것이다.

이는 디지털 시대의 핵심이 정보를 처리하는 능력이기 때문이다. 하이퍼미디어는 자신의 콘텍스트로부터 모든 사용 가능한 정보 단위를 끌어낸 다음, 어떤 사용자든지 정보의 단위들을 새롭게 조합할 수 있는 연결 도식을 제공하는 매체를 일컫는다. 이러한 하이퍼미디어를 통해 데이터 정보뿐 아니라 전체 지식 구조까지 처리된다. 복잡하고 다양한 정보를 어떻게 단순화할 것인가? 이러한 복잡성의 관리가 디지털 문화의 키워드이다. 이렇게 정보 또는 지식은 하이퍼미디어 세계에서 상호작용적·멀티미디어적 지식 처리를 목표로 하고, 따라서 디지털 문화에서는 '정보의 압축과 이미지화'라는 새로운 형태의 사고방식이 요구된다. 우리는 여기서 우선 '만화'라는 장르와 디지털이 만나는 첫 장면을 검토할 것이다.

만화는 기본적으로 장면의 경제성과 선택을 그 특성으로 한다. 이미지를 중심으로 하는 대부분의 장르, 이를테면 회화는 감정과 주제의 경제적 압축을 그 목표로 한다. 한 컷, 한 장면에 많은 것을 함축해야 자신이 전달하고자 하는 바가 전달된다는 이미지 특유의 감성은 '디지털 시대'의 핵심이다. 복잡성의 단순화와 경제적 연결, 그리고 효율적인 인터페이스. 이것들이 디지털 시대 '스토리텔링'의 핵심이다. 명령어를 입력해야 하는 '도스'와 아이콘만 클릭하면 자신이 원하는 모든 것을 할 수 있는 '윈도우'의 차이를 보자. 검정 화면에 명령어를 입력하는 것과 실제 형상과 비슷한 아이콘을 클릭하는 것의 차이는 대상을 인지하고 행동하는 우리의 인식 차이와도 비슷한 것이다. 이처럼 기술이 발달할수록 사람들은 이미지를 통해서 사고하게 된다.

명령어를 직접 입력해야 하는 도스, 비슷한 아이콘을 클릭하면 되는 윈도우.

다시 만화로 돌아가 보자. 만화의 한 장면은 세상으로부터, 자신이 말하고자 하는 바를 간략하게 압축하고 간추리는 형식이다. 한 편의 작품은 다수의 화면, 즉 화면과 화면의 연결로 구성되어 있다. 또한 화면은 작품 밖과 작품 안을 경계 짓는 영역이다. 회화가 고정된 시선으로 특정 순간을 포착한 것이라면, 만화는 동일한 공간을 빌려, 연속적으로 이루어진 시간을 하나의 이야기로 보여주는 것이다. 즉, 만화가 가진 압축적 시간성이라고 하는 것, 시간을 공간으로 압축하는 만화의 기본적인 형식은 디지털 시대의 스토리가 가져야 하는 가장 기초적인 특성 중 하나인 것이다.

다양한 정보는 원래 '시간성'을 기초로 조직화되어 있다. 이 조직화된 시간을 동일 공간에 배치하고, 그것을 사용자가 자유롭게 끄집어내게 하는 것은 '디지털 문화'의 핵심이다. 만드는 사람은 사용자가 '그것이 무엇인지 알도록' 디자인하고 조직화하는 것이 목적이고, 사용하는 사람은 자신의 편의에 따라 그것을 선택하는 것이 목적이다. 즉, 디지털 문화는 우리를 알게 모르게 정보의 간략화·상징화의 세계로 인도한다. 만화의 기본인 컷의 '분할'과 '상징성'은 바로 이러한 '디지털 정보화' 상징 세계의 단초였다.

또한 만화는 '디지털 스토리텔링'의 핵심이라고 하는 '상호작용성'과 만난다. 우리는 '상호작용성'을 '독자가 이야기에 적극적으로 개입한다'는 말로 좀 쉽게 바꿔 말할 수 있다. '개입'이라는 말을 조금 다르게 변형시켜 보자. 역사적으로 독자는 어떤 식으로든 스토리를 읽고 자신의 능력을 발휘하여 스토리에 개입해왔다. 소설을 읽으며 자신의 나름대로 상상력을 펴는 것이나, 결말을 바꾸어 달라며 작가에게 편지를 보내는 것도 단순하게는 독자의 개입일 것이다. 즉, 문자로 된 텍스트를 읽을 때도 독자는 단순히 그것을 받아들이지만은 않았다. 단지 문제가 된 것은 그 상상력이 작용하는 범위가 '행간의 간극'을 이해하는 데에 불과했으며, '쓰이지 않은 텍스트'를 머리에 그리는 데 불과했다는 것이다.

만화 속에 흐르고 있는 시간을 살펴보자. 요코타 이누히코에 의하면 만화 속의 시간은 우리들이 일상적으로 체험하고 있는 시간이 아니다. 컷의 그림을 좇는 시간, 말풍선의 위치와 순서를 확인하는 시간, 한 화면 안의 컷을 시선을 따라서 보고 난 뒤 전체를 화면으로써 통합하는 사고의 시간, 빠뜨린 컷 또는 읽지 못한 말풍선으로 되돌아가거나 좋아하는 만큼 반복해서 같은 컷, 같은 말풍선에 시선을 멈추기 위한 시간 …… 등 다양한 시간이 만화의 시간을 구성하고 있다. 이는 등장인물

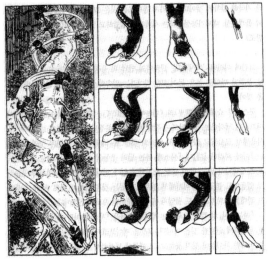

만화의 한 컷에서
표현되는 캐릭터의
움직임.

들이 체험하는 시간과는 차원이 다르다. 만화 속의 시간은 현실의 시간과도 다르며, 이것을 체험하는 독자의 시간은 또 다른 맥락으로 이어지는 것이다.

사건 장면의 실제 시간, 만화 속 시간, 시간들 사이의 간극을 파악하여 이미지로 이해하는 독자들의 시간, 이 세 층위의 시간은 바로 '독자 반응'의 적극성이라는 측면에서 새로운 형태를 보여준다. 쉽게 말해 컷과 컷 사이의 시간 차이는 '독자의 인식 시간'이 되는 것이다. 기존 문화물의 '행간에 대한 이해'가 단순한 인식적 격차 메우기, 즉 작가의 의도를 충분히 따라가서 파악하는 것에 불과했다면, '디지털 스토리텔링'의 독자-유저의 스토리에 대한 개입은 만화의 그것처럼 시간적

격차 메우기, 즉 시간의 흐름을 한 공간에 압축하는 행위의 일종이다. 결국 시간을 한 장면 한 공간에 압축하여, 그 시간의 흐름을 독자가 다시 풀도록 만드는 만화의 기법이 '디지털 시대'를 살아가는 현 시대의 스토리텔링 소비자의 새로운 속성을 함축하고 있다고 할 수 있다.

물론 만화에서의 '독자의 개입'은 소비자가 스스로 스토리를 생산하여 그 결과를 눈으로 볼 수 없다는 점에서 이전 시대의 스토리텔링이 가진 특성을 그대로 가지고 있다. '상호작용성'의 핵심은 뭐니 뭐니 해도 본인의 선택을 현실화할 수 있다는 것이다. 내가 뜻하는 대로 스토리를 만들어 갈 수 있다는 것과 결론을 나의 뜻대로 할 수 있다는 것이 상호작용성의 핵심이다. 그러나 한 공간 속에서 스토리의 시간을 자유롭게 통제하고 즐길 수 있다는 특성에서는 만화를 소비하고 독서하는 행위가 '디지털 스토리'를 즐기는 행위와 닮아 있다고 할 수 있다.

'디지털 스토리텔링'과 만화가 만나는 또 다른 장면을 살펴보자. 우선 디지털 문화에서의 행간은 문자와 문자 사이의 행간과는 달리 이미지와 형상성을 기반으로 한다. 맥루한이 지적했듯, 우리는 지금 아이콘(형상)의 세계로 돌아가고 있다. 플라톤은 인간이 그림자만을 보기 때문에 이데아에 가까이 갈 수 없었다고 파악했지만, 실제로 멀티미디어의 시대·컴퓨터의 시대에서 아이콘은 기만의 상징이 아니라 현실의 상징에 가깝다. 그렇기 때문에 우리의 새로운 사고 행위에 필요한 것은 메

타포(은유)이다. 개념을 이해하는 형상적 사고방식, 이것이 우리의 새로운 시대에 요구되는 사고방식이다. 이미지가 가진 은유적 속성은 인간의 사유방식에 대한 연구에서 많은 혁신을 불러일으켜 왔다.

이미지를 통해서 스토리를 전개한 역사가 오래된 장르 중 하나가 만화이다. 만화가 디지털 문화를 이해하는 시발점이 될 수 있는 것은 이 때문이다. 만화는 어떻게 이야기를 전달하는가? 만화에서는 화면을 통한 전달, 즉 한 장면의 이미지가 어떻게 '상상력'을 자극하고, 그것을 통해서 '이야기성'을 획득하는가가 재미의 요소를 결정짓는다. 컷과 컷의 연결로 만들어진 스토리란, 독자에게 이미지의 조합으로 인해 스토리를 조합할 수 있는 가능성을 준 것이다. 따라서 소박한 형태이지만, 독자가 형상을 통해서 상상력을 발휘해 이야기를 이해하는 디지털 스토리텔링의 기본은 만화에서 시작되었다고 할 수 있다.

만화가 보여주는 정보는 '아이콘화'되어 있다. 화난 아이의 분위기를 어떻게 표시하겠는가? 만화는 아이의 눈매, 표정, 그리고 몇 가지 대사를 통해서 화난 아이의 분위기와 아이의 외양을 이미지화한다. 사람의 감정이나 스토리의 배경은 컷의 크기나 강조점을 통해서 표현된다. 즉, 이미지와 형상이 가진 가장 독특한 특성, 그것이 보여주는 은유적 속성을 통해서 만화는 독자에게 자신이 뜻하는 바를 은유적으로 보여준다.

'디지털 시대의 스토리텔링'에 대한 몇 가지 가능성과 만화

은유란 무엇인가? '내 마음은 호수요', 즉 'A는 B이다'가 은유이다. 즉, A와 B라는 대상이 가진 공통된 부분을 통해서, 상상력을 자극하는 것이 은유이다. 문자적 사고방식을 중시했을 때, 우리는 이미지의 연쇄관계를 통한 이해가 아니라 정확한 대상의 인식, 다시 말해 개념을 중시해왔다. 그런데 이 은유라고 하는 것은 기본적으로 소비자, 즉 독자의 상상력을 일정 정도 허용·유도하는 시스템이다. '내 마음은 고요해'와 '내 마음은 호수야'는 '호수'라는 새로운 이미지의 개입 때문에 독자들은 비슷하면서도 각각 다른 이미지를 만들 수밖에 없다.

디지털 시대에 우리의 사고는 이처럼 형상적으로 구성된다. 이러한 형상적 사고를 고려하여 독자의 패턴을 읽고 그 심리를 아는 것이 디지털 스토리텔링의 또 다른 관점일 것이다. 조지 레이코프(George Lalcoff)에 의하면 "은유의 본질은 한 가지 것을 다른 것을 통해 이해하고 경험하는 것"이다. 이제는 '두뇌-마음-몸-사회' 시스템의 네 가지 요소를 통합하는 새로운 패러다임을 기초로 하여, 은유적 상상력에 대해 이해하는 것이 무엇보다도 필요하다. 여기서 중요한 것은 문화와 환경은 서로 협력 관계에 있으며, 인간의 사고는 이미지에 근거하지 단어에 기초하지 않는다는 사실이다. 인간의 사고는 신경과학에서 이미지라고 부르는 것에서 발생한다. 즉, 대략 의사소통의 80%가량이 비언어적인 것이며, 언어는 비언어적 단서에 의해 결정된다는 것이다. 게다가 뚜렷한 모순이 있을 경우 사람들은 언어적인 것보다 비언어적 단서를 믿는 경향이 있다.

특히 인간의 뇌는 언어적 기능을 발달시키는 대신 비언어적 경로의 의사소통에 중점을 두고 있고, 뇌에 이르는 대부분의 자극이 비언어적이고, 심리적인 이미지들은 시각적이라는 점은 이러한 것을 역으로 증명해주는 것이다. 때문에 은유는 사고의 중심이 된다. 즉, 은유는 우리가 종종 우리 삶의 특별한 관점을 보거나, 그것에 대해 느끼는 방법을 표현하는 것을 도와준다. 그러므로 이러한 은유는 인간 마음의 작용을 강화한다. 넓게 보면 우리가 세상을 인식하여 해석하는 방식을 돕는 것이 은유이다. 더 나아가 은유는 상상력을 움직이는 동력이다.

만화는 오랜 시간 동안 이미지를 통해 독자와 작가의 은유 체계를 공유하거나 자극하는 매체로 자리 잡아왔다. 결국 디지털 스토리텔링이 나아가야 할 부분이 '은유'와 '이미지'라고 한다면, 오랜 시간 동안 그 자리를 점해온 만화의 상상력 구조는 그 변화의 계기를 여러 가지 측면에서 제공하고 있다. 압축된 시간과 정보의 향유라는 점, 그리고 생략과 강조를 통한 독자의 상상력 개입이라는 점에서의 상호작용성, 이미지화된 스토리, 그것이 일종의 놀이의 규칙이라는 점에서도, 만화가 새로운 '상상력의 근본'이 되고 있다는 점을 알 수 있다. 디지털, 그 막연하기만 한 시대적 특성과 스토리가 만나는 접점을 만화가 마련해주고 있는 것이다.

감정은 과장된 이미지로, 이야기 진행은 생략으로

만화의 대표적인 표현방식은 과장과 생략이다. 기존의 문자 중심의 문화에서 다양한 상황과 표현을 장황하게 동원해서 기쁨을 이해시켰다면, 만화에서는 인물의 표정, 동작, 혹은 큰 말풍선 속의 의성어 등으로 기쁨이 동원된다. 즐겁게 뛰는 아이의 모습, 혹은 살짝 올라간 입술, 아래로 처진 눈매, '하~~! 하!하!' 등의 이미지가 그것이다. 즉, 그 상황 중 '기쁘다'는 내용을 설명할 만한 것을 선택하여 과장된 이미지로 표시하여야 한다.

그래서 만화에서 이미지는 여러 가지 상징들의 과장된 은유라고 할 수 있다. 물론 모든 문화에서 표현되는 내용들은 현실에서 선택된 것들이다. 그러나 만화에서의 선택은 '과장'의 과정을 반드시 거쳐야 하기 때문에 매우 특징적이다. 상황이 과장되는 것이 일종의 만화의 장르 문법이 된 것이다. 다른 한편, 이렇게 많은 특징을 강조하기 위해서 만화는 많은 생략을 취하기도 한다.

즉, 사건과 사건을 연결하는 상황에 있어서, 사건에 대한 구체적인 '서술'을 하지 않는다. 만화에서의 컷과 컷 사이의 이동은 이러한 사건 사이를 생략하여, 이미지와 이미지 사이의 이동을 기초로 한다. 독자로 하여금 컷과 컷 사이를 상상하게 만드는 것을 문자 체계에서는 '행간 상상력'이라고 할 수 있을 것이다. 이러한 '상상력'이 이전에는 '문자'에서 왔다면 디지털 시대에는 '이미지'에서 이 상상력이 온다고 할 수 있다.

그렇기에 이미지에서 상상력을 찾는 디지털 시대에, 만화야
말로 다양한 방면에서 활용될 수 있는 콘텐츠의 근원이 되는
것이 아닐까.

만화, 그 기이한 상상력

만화가 이미지로 이루어졌고, 컷과 컷 사이의 간극을 가졌다
는 형식적 특성을 가졌기에 디지털 콘텐츠로 다양하게 활용되
는 것일까? 형식적 특성 때문에 다양한 내용을 갖는 것일까?
만화가들은 우연하게 매우 독특한 상상력을 갖게 된 것일까?
그렇지 않다. 만화의 힘은 무엇보다도 내용적 상상력에 있다.

이미지가 문자보다 하위의 상상력을 갖는다고 믿어온 긴긴
인류의 문자 역사 기간 동안, 만화는 하위문화로 기능해왔다.
일찌감치 예술의 영역에 포함된 미술, 그 뒤를 이어 예술로 인
정된 사진과 달리, 이미지와 문자 문화의 사이를 오간 만화는
세계 어느 문화에서나 예술의 변두리 문화로 취급받았다. 따
라서 독특한 장르적 속성을 가지고 있음에도 불구하고 예술로
서는 전혀 취급받지 못했다. 이미지를 그 자체로 이해하지 못
하는 사람들, 문자를 충분히 사유하지 못하는 사람들─왜 만
화가 아동용이라고 취급받았는지 생각해보자─이 보는 것이
만화였다. 이런 면이 한편으로는 만화를 비주류 문화로 취급
받게 하였고, 그래서 만화는 그 내용 자체에서도 독특한 상상

력을 갖게 되었던 것이다.

　만화가 비주류 문화로서의 특성을 가지다 보니, 만화라는 장르만으로도 그 나름의 독특한 문화를 이루게 되었다. 특히 일본 장르 만화들은 각각 마니아층을 형성하면서 그 세력을 펼쳐간다. '코스프레'라는 문화가 생길 수 있는 것도, 만화가 비주류 장르이기 때문에 그들이 생성해 내는 문화 역시 비주류의 특성들을 보여줄 수 있는 것이다. 흔히 말하는 B급 문화의 특성이 이 속에 숨겨져 있다. B급 문화의 독특한 상상력이 이미지화되었을 때, 그리고 그 이미지들이 디지털을 만났을 때, 새로운 이야기 흐름이 존재하게 된다.

　할리우드를 주름잡는 블록버스터 영화의 대부분은 미국 코믹스에서 나왔다. 슈퍼맨, 스파이더맨, 배트맨뿐 아니라, 영화 「씬씨티」 등도 만화를 원작으로 두고 있다. 만화를 원작으로 한 영화가 성공 가능한 까닭은 캐릭터의 성격이 분명한 데 있다. 암울한 분위기의 도시, 그리고 그 도시를 구원하기 위한 악과 선의 중간 정도에 있는 영웅, 그들이 만들어 내는 세계의 분위기가 이미 '세계'인 것이다. 상상한 것을 보여주는 세계, 그 세계의 분위기가 바로 만화에서 비롯된 것이다.

애니메이션 스토리텔링의 기본요소

스토리텔링에 필요한 기본요소가 있다. 학창 시절, 우리가 열심히 외우던 소설의 구성요소는 당연히 모든 스토리텔링의 구성요소이다. 인물·사건·배경, 즉 '누가, 어디서, 무슨 일을 왜 했나'가 이야기를 구성하는 기본적인 요소이다.

이를 애니메이션 스토리텔링에 맞게 바꾸어 보면, ①캐릭터(인물), ②배경(시·공간), ③사건(스토리), ④소재, ⑤주제, 이 다섯 가지 요소가 스토리텔링의 기본적인 요소이다. 여기에 ⑥타깃(누가 볼 것인가), ⑦장르, 이 두 가지가 추가로 필요하다.

이 중 스토리텔링에 본격적으로 들어가기 전에 고려해야 하는 것은 타깃과 장르이다. 이 둘은 기획 단계에서 필요한 요소라고 볼 수 있는데, 콘텐츠를 하나의 상품이라고 생각한다면, 타깃과 장르는 매우 중요한 고려 요소 중 하나이다. 전통적인 예술에서 타깃과 장르는 스토리텔링 단계에서 중시되는 것이 아니었다. 작품을 만들면 자연스럽게 보는 사람이 생겼고, 그 작품이 인기를 얻으면 자연스럽게 그와 유사한 작품들이 생겨 장르가 형성되었다. 그러나 '디지털 스토리텔링'은 기본적으로 이미지 중심, 대중 중심의 상상력을 중시한다. 따라서 타깃과 장르는 사회적으로 당연시되는 스토리텔링 요소이다.

보통 애니메이션 장르는 개그 애니메이션과 스토리 애니메이션으로 나눈다. 이런 구분은 타깃과 목적에 따른 것이다. 보통 개그 애니메이션은 기상천외한 행동을 소재로 스토리를 전개하는 경우이고, 스토리 애니메이션은 스토리와 드라마를 중심으로 하는 경우를 일컫는데, 지금의 경우 이러한 구분은 별 의미가 없어졌다.

대부분 장편(극장용) 애니메이션의 경우 드라마를 중심으로 하여, 개그적인 요소를 첨가하는 형태를 취하고 있다. 디즈니 애니메이션과 일본 애니메이션으로 나누어 본다면, 디즈니는 기본적으로 개그 애니메이션적 요소를 많이 차용하는 편이고, 일본은 전통적인 드라마를 중심으로 한다고 볼 수 있다. 이는 디즈니가 그 타깃을 어린이에 두고 있는데 반해, 일본의 극장용 애니메이션이 타깃을 성인으로 두고 있는 경우가 많기 때문이라고 볼 수 있다. 결국 어떤 스타일로 만들 것인가라는 부분은 누가 볼 것인가와 밀접한 연관이 있다고 볼 수 있다.

장르는 작가의 독특한 상상 영역이다. 그러나 가만히 생각해보면 장르는 일종의 '관습'이면서 관객과 작가가 서로 일종의 '두뇌 게임을 벌이는 장'이다. 만화를 예로 들어 보자. 장르가 '순정 만화'라고 하자. 그럼 우리는 일단 '잘 생긴' 남녀 주인공이 시대 혹은 사회적 상황으로 인해 사랑에 빠졌다가 이별하거나 서로를 증오하는 상황을 상상한다. 그 어떤 상황이든 그 핵심은 '사랑'인 것이다. 독자는 사랑을 '어떻게' 하고 '무엇이' 사랑을 방해하는가에만 관심을 가지고 그 장르의 작품을 감상하게 되어 있다.

　반면 '개그 만화'를 상상한다고 하자. 일단 독자 혹은 관객은 적당한 순간에 웃음을 유발시켜주길 기대한다. 적당한 반전이 일어나 현실에서는 느낄 수 없는 즐거움을 작품에서 느끼기를 기대한다. 그래서 작가는 독자의 기대에 부응하는 유머를 제공하기도 하고, 상상치 못한 반전을 통해 독자에게 웃음을 주기도 한다. 이렇게 장르는 독자, 관객 혹은 소비자들의 상상력과 작가의 상상력 사이의 '놀이'이다. 장르적 관습이라는 것이 깊어지면 질수록 독자와 작가 사이의 '두뇌 놀이'는 점점 심해진다. 결국 최근의 모든 문화는 이런 장르적 두뇌 놀이를 하고 있다. 이 놀이의 범위와 역할을 잘 설정하는 것이 작품의 상업적 성공을 결정짓는 중요한 요인이 된다. 따라서 '장르'에 대한 고려가 작품의 '흥미'를 고려하는 중요 요인이 될 수 있다.

　장르를 나누는 기준은 이외에도 여러 가지가 있다. 토리우미 진조는 SF물, 로봇물, 메카물, 액션물, 개그물, 학원물, 옛날 이야기물, 전기물, 스포츠물, 문예명작물, 동화물, 판타지물, 순정물, 공포물, 시대물, 역사물 등 소재를 중심으로 한 분류를 했는데, 기본적으로 스토리텔링에서 우리가 고려해야 할 것은 '그것이 어떤 소재(시·공간)를 다루었는가'보다 어떤 주제의 스토리를 '어떤 효과를 주기 위해 다루는가'이다. 따라서 로맨스를 중심으로 할 것인지, 모험을 중심으로 할 것인지, 공포를 중심으로 할 것인지, 코믹을 중심으로 할 것인지 등 스토리가 추구하고 싶은 전체적인 성향을 장르의 핵심이라고 보면 된다. '관객이 무엇을, 어떻게 봐주기를 바라는가'가 장르를 설정할 때 녹아 있으면 된다.

매체에 따른 스토리텔링

　이상의 것이 기본적으로 모든 스토리를 쓰는 기본적인 원칙이라고 한다면, 애니메이션을 다루는 매체에 따라서도 스토리텔링은 달라진다. 애니메이션의 경우 미디어의 종류에 따라서 스토리텔링의 방식이 다르다. TV 시리즈 애니메이션, 극장 영화용 애니메이션, 인터넷용 애니메이션(플래시 애니메이션)의 세 가지 구분은 스토리텔링의 차이를 분명히 보여준다. 이는 문학에 있어서 대하소설, 장편(長篇), 중·단편, 장편(掌篇)의 구분을 생각하면 더욱 쉽게 알 수 있으리라고 생각된다. 문학에서 오랫동안 있어온 장르 논쟁을 생각해 본다면, 이 구분은 형식이나 길이만의 문제가 아니라 내용을 결정짓는 중요한 특성이 된다. 즉, 이러한 장르적 구분은 스토리텔링의 내용을 다르게 한다.

TV용 애니메이션: 다음 편을 기대하시라

 TV용 애니메이션의 경우 소설로 치면 '대하드라마', 즉 시리즈물의 형식을 갖추어야 한다는 점을 염두에 두어야 한다. 쉽게 말하면 '다음에 계속……'으로 끝나는 스타일이라는 것이다. 한 회는 끝이 나지만 다음 회에 계속될 수 있는 그런 스타일이다. '어떻게 해야 연재를 계속할 수 있을까? 어떻게 해야 시청자들이 다음 회를 기다리게 할 수 있을까?'가 스토리를 만들 때 고려해야 하는 기본 요소라고 볼 수 있다.

 다음 회를 기다리게 만드는 요인이 무엇일까? 우선 다음 사건과 연결될 수 있는 요소를 분명하게 드러내어 호기심을 자극하는 것이다. TV 드라마에서 모든 사람들의 관계를 바꿀 수 있는 비밀 — 출생의 비밀 정도를 예로 들 수 있다 — 이 감춰져 있는 경우, 이 비밀이 언제 알려지는가가 인기의 요인이고, 이것이 시리즈를 지속 가능하게 해주는 요소이다. 비밀이 밝혀지지 않은 상태로 사건이 계속될 수 있는 여지를 주는 것, 이것이 시리즈물 스토리텔링의 최우선 과제이다. '비밀을 만들라. 그리고 그 비밀을 감추고 알려주지 말라.' 다음 회로 사람들을 부르는 법칙이다.

 TV 드라마에서 예고편을 보여주는 것도 이와 같이 다음 회로 사람들을 모으기 위한 것이다. 사랑과 연애가 중심을 이루는 TV 드라마의 경우는 다음 회와 이번 회의 연결과 비밀이라는 요소만으로 이루어지기 어렵기 때문에, 특히 '누구와 누구가 다음 회에 드디어 키스를 한다', '누가 이런 멋진 말을 한다' 등 감정의 복선을 보여주는 것이 예고편의 중심이 된다. 이런 경우 많은 시청자들이 '주인공에 감정을 몰입'할수록, 시리즈물의 성공 가능성이 높다. 결국 얼마나 매력적이고 개성 강한 인물이 등장하는가가 스토리텔링의 핵심이 된다.

즉, '반복적인 사건'과 '매력적·개성적 인물'이 시리즈물 스토리의 기본이다. 마찬가지로 계속해서 이야기가 생산될 수 있는 여지를 두지 않고서는 TV용 애니메이션은 창작되기 어렵다. 고정적인 팬을 만들어 계속 보지 않으면 안 되게 만드는 전략, 그러면서도 중간에 한두 회 정도는 빼먹어도 크게 지장은 없는, 이러한 것들이 TV용 애니메이션의 기본이다. 그러기 위해서는 사람들을 끌어당기는 강한 캐릭터와 적당한 이해도를 유지하는 스토리 문법이 필요하다.

즉, 적절한 서사 패턴의 반복과 확장, 그리고 매력적 캐릭터의 유형화가 TV용 스토리텔링의 기본이다. 이를 위해서 우선은 캐릭터의 성격이 확실해야 한다. 극장용의 경우, 사건의 반복을 통해서 캐릭터의 성격을 이해시킬 수 있는 반면, TV용의 경우 초기 몇 회를 통해 성격을 확실하게 전달해야 흡입력이 강해진다. 그러므로 TV용의 경우 캐릭터의 성격이 몇 가지 독특한 특성과 외모, 행동을 통해서 강인하게 각인될 필요가 있다. 과도하게 이야기하자면, 캐릭터의 이미지를 보자마자 어떤 인물인지 파악이 될 정도의 전형적이면서도 개성적인 무엇이 있어야 성공 가능하다는 것이다.

다른 사건을 같은 형식으로 반복·해결하는 스토리텔링: '사건해결형'

그래서 매력적이고 개성 강한 캐릭터는 스토리의 종류에 따라 두 종류의 전략을 고려하면서 진행된다. 마치 액자형 소설처럼 일단 시리즈 전체를 아우르는 전반적인 내용이 첫 회에 설정되고, 다른 회에는 전체 사건과 연관은 없지만 주인공을 중심으로 사건의 패턴이 반복되는 스타일의 스토리텔링이 있다. 사건과 사건 사이의 연속성은 떨어지지만, 사건을 해결하는 방식이나 그 사건이 다루는 소재 등이 매력적인 경우이다. 「명탐정 코난」 「소년탐정 김전일」 「디지몬」 「세일러문」 등의 애니메이션은 이러한 스토리텔링 방식을 잘 따르고 있는 대표적인 작품들이다.

각각의 스토리 진행은 조금씩 차이가 나는데, 「명탐정 코난」의 경우 기본적으로 매번 다른 사건을 해결하는 것을 원칙으로 하고 있다. 시리즈 전체를 아우르는 설정은 다음과 같다. 논리적이면서도 모범생이고, 남들과는 다른 특별함을 가진 멋쟁이 고등학생 쿠도 신이치가 어느 날 갑자기 정체를 알 수 없는 악당들에 의해 초등학교 1학년 정도로 작아져 버린다. 그는 자신의 몸을 되찾기 위해 자신을 그렇게 만든 악당들을 쫓으면서도, 일상적인 삶을 계속 살아가기 위해 동시에 '모리

비슷한 듯 하지만 각각 다른 재미
를 주는 사건 해결, 스토리텔링

란'이라는 여자 친구에게 자신의 정체가 탄로 나지 않게 노력
한다. 이러한 설정은 시리즈 전체를 총괄하는 내용이다. 중간
중간 악당의 단서를 잡는 사건들이 나오지만, 이는 정말 간혹
나오는 것이고, 실질적으로 이 큰 틀이 이야기를 진행해 나가
는 데 큰 재미를 주지는 않는다. 즉, 스토리텔링의 큰 설정을
전제로 해놓고 개별적인 사건의 패턴이 반복되는 것이다.

이런 경우 시리즈물이 인기가 있으면 있을수록 코난이 정
상적인 소년이 되는 것은 뒤로 미루어진다. 그런 점에서 이런
이야기들은 장점을 가지고 있다. 얼마든지 재생산 가능하다는
것이다. 결국 사건 해결을 지연시킬 수 있는 중심 서사를 기본
으로 '반복 가능한' 사건의 패턴을 만드는 것이다. 추리물의
경우는 이러한 시리즈물을 만드는, 중심을 지연시키면서도 확
실하게 지속 가능하게 만드는 가장 고전적인 장르이다.

따라서 인물의 성격과 사건의 패턴이 첫 회에서 모두 드러
나야 한다. 「명탐정 코난」의 경우, 실제 추리 소설의 코난처럼

31

실제 남은 증거들을 모으고 그 증거를 토대로 고난도의 심리적인 심문을 해서 '……그래서, 당신이 범인이야!!'라고 하여, 결국 자백으로 이끌어 내는 패턴은 첫 회부터 일관적이다. 난의 아버지인 탐정에게 의뢰된 사건을 쫓아가고, 어리버리한 탐정이 사건을 망치는 사이, 사람들의 긴장을 풀면서 어린아이 특유의 말투로 질문을 해서 사건의 정보를 얻고, 탐정에게 이러한 힌트를 주어 사건을 해결한다. 이것이 이 애니메이션의 반복 패턴이다. 여기에 자신만만하여 잘난 척하고 남을 무시하는 성격, 그리고 논리적인 강한 추리력을 가지고 있으나 몸이 6학년생에 불과하여 문제 해결이 난관에 부딪힐 수 있다는 캐릭터 설정은 첫 회에서 드러난다.

「소년탐정 김전일」의 경우는 대체적으로 밀실 살인 사건이 소재가 된다. 밀실 안에 있는 사람들의 알리바이를 하나하나 확인해가는 방식, 그리고 심리적인 요인들을 분석하고 마지막에 사건을 해결하는 것이 반복적인 패턴이다. 우연히도 김전일과 그의 여자 친구가 가는 곳이면 살인 사건이 일어나고 있다는 점이 공통적인 사건의 패턴이고, 때로는 그들이 의심받기도 한다. 공부를 열심히 하지 않고 날라리 기질이 있는 고등학생이기 때문에, 그의 추리가 신뢰받지 못한다는 것도 특징이다. 그래서 김전일 자신이 직접 나서서 위험에 빠진다는 점, 행동이 엉뚱하여 주변사람들을 놀라게 한다는 점, 공부를 싫어하는 평범한 학생이라는 점이 첫 회에 부각된다.

결국 이 패턴의 반복이 마니아들의 관심을 이끌어낸다. 왜 같은 구조가 반복되는데도 사람들이 즐겨 보는가? 그것은 같은 구조 속에서도 매회 신선하게 등장하는 요소들 때문이다. 사건을 해결하는 장애물과 단서들 말이다. 일명 마니아층을 형성한 미국 시리즈물을 보자. 「CSI: 과학 수사대」 「X파일」 「다크앤젤」 「ER」 등의 시리즈에서 사건이 일어나는 패턴은 반복적이다. 또 이 사건들이 등장하는 인물들의 고정적인 역할을 통해 사건이 해결된다는 점도 일관적이다. 여기서 달라지는 것은 그들이 해결하는 사건의 종류이다.

'살인사건이 난다 → 증거물들을 수집한다 → 초기에 증거가 있어 지목된 범인은 어느 순간 결정적인 알리바이를 가지거나, 범행 동기가 부족하다 → 누구의 것인지 모르는 증거가 새로 발견되어, 범인을 추적하는 결정적인 추측을 예상하게 한다 → 주변 사람들의 증언이나 평소의 인간관계가 살인을 예상하게 한다 → 그러나 범행을 증명해줄 만한 증거물들은 부족하다 → 결정적 단서를 통해 자백을 받아낸다' 이러한 패턴으로 구성된 「CSI: 과학 수사대」의 경우, 사람들은 반복되는 패턴에도 불구하고 어떤 단서가 발견될까, 범인은 왜 살인을 저질렀나, 살인범의 흔적은 어디에 숨어있나 등에 관심을 기울이고 재미를 느낀다. 즉, 어떤 '과제'가 새롭게 나오는가가 시리즈 지속성의 요인이 되는 것이다.

시험을 통해 성장하는 영웅 스토리텔링: 주인공 성장형

추리물이 장르적 성격을 이용해서 시리즈를 이끌어 간다면 성공 신화 스토리텔링의 패턴은 계속되는 경쟁에서의 승리와 시험의 통과 등이 반복되면서 스토리를 이끌어 나간다. 「테니스 왕자」 「고스트 바둑왕」 「슬램덩크」 『미스터 초밥왕』 등은 이러한 구조를 가지고 있다. 전체적으로 스토리는 주인공이 최종 목표를 이루는가, 즉 영웅이 되는가 그렇지 않은가를 중심으로 펼쳐진다. 그리고 영웅이 되기 위해 끊임없는 시합과 시험을 거치는 것이 핵심이다.

주인공들은 매회 라이벌과 경쟁을 하고, 경쟁에서 이기기 위한 시험을 겪어야 한다. 각각의 시험을 통과하는 것은 그들의 능력을 성장시켜주는 요소가 된다. 이러한 스토리는 무한정 계속될 수 없다는 한계를 지니고 있지만 서사의 흡입력이 높다는 장점을 가지고 있다. '사건 해결형 스토리'가 반복적이기 때문에 한 회 정도는 안 봐도 크게 지장이 없다면(만화책을 생각해보자. 「명탐정 코난」과 같은 사건 해결형 스토리 유형은 40여 권에 이르는 책 중 한 권을 안 봐도 전체를 이해하는 데 크게 지장은 없다), 이런 유형의 스토리는 한 회, 한 회 오히려 손에 땀을 쥐게 만드는 요소를 가지고 있다.

이런 서사는 기본적으로 성장 서사를 장르적 틀로 한다. 이 서사에서 인물은 정해진 과제를 잘하겠다는 욕망이 아주 강하게 설정되거나, 이 욕망이 점점 더 확장되는 형태로 서사가 진행된다. 이 서사에서 반복되는 것은 일종의 시험과 같은 관문이다. 각각의 관문에는 인물들이 성공하는 데 필요한 요소들이 놓여 있다. 그러므로 인물의 성격은 이 요소들을 받아들일 가능성이 있는 인물로만 설정해주고, 서사의 진행에 따라 인물이 이 요소를 흡수하면 된다. 마치 게임에서 여러 요소들을 차차 획득해서 다음 단계로 나아가듯이 말이다.

따라서 서사의 초두에 인물이 관문을 통과할 의지를 갖게 되는 사건을 필연적으로 배치하는 것이 좋다. 예를 들어 자신도 모르는 능력을 가지고 있다든지, 자신도 모르는 출생의 비밀이 자신을 이 길에 이끈다든지 하는 식이다. 그러므로 출생의 비밀 같은 운명론적 요소 혹은 시련을 겪게 돼서 새로운 여행을 시작하기 위한 단계가 서사의 초두에 들어가야 한다. 그리고 게임의 레벨이 높아지듯이 회가 거듭될수록 점점 더 어려운 과제, 더 어려운 시련이 주어지는 것이 중요하다.

여행과 세상 구원형 스토리텔링

주인공 성장형 스토리텔링과 유사하지만 약간 다른 것이 여행 서사이다. 이 서사는 각각이 관문이라는 점에서 주인공 성장형 서사와 유사하지만, 관문을 통해서 얻는 것이 인물의 성장이 아니라는 점에서 차이가 있다. 주인공 성장형 스토리텔링에서 인물이 능력을 획득하여 성장한다면, 이 경우는 인물이 능력을 얻기보다는 능력을 가진 무엇인가를 획득하는 구조, 그래서 인물이 성장하기보다는 사건 해결을 위한 여러 가지 요소를 손에 쥐는 스토리 유형이라고 할 수 있다. 말 그대로 아이템을 획득하기 위해 세계 곳곳을 여행하는 구조를 취하는, 이러한 유형의 애니메이션들은「포켓몬」「디지몬」「원피스」「봉신연의」「환상게임」「드래곤 볼」등 여행을 계속해 가면서 보조자들을 얻어간다는 점이 다르고, 여행의 목적을 모호하게 하는 형태로 서사를 계속 진행시킨다. 즉, 여행의 끝에 주어지는 보상은 있지만 그것이 중요한 것이 아니라, 계속 여행을 한다는 점이 중요한 스토리라고 할 수 있다. 일종의『이상한 나라의 앨리스』유형의 스토리텔링이라고 할 수 있다. 우연히 낯선 세계에 떨어지게 되고, 그 세계를 탈출하기 위해 혹은 그 세계를 구원하기 위해 여행을 하는 유형이다. 이런 유형의 스토리텔링은 여정을 길고 다양하게 하면서 서사를 지연시킨다는 특성을 가지고 있다.

주인공 성장형 스토리텔링이 흡입력이 강한 대신 이야기가 끝없이 계속될 수 없다는 점에 반해, 이 스토리텔링의 패턴은 끝없이 지연시킬 수 있다는 점에서 장점을 갖는다. '장소'를 이동시키고, 그때그때 새로운 캐릭터를 등장시키고, 그 캐릭터와의 관계 및 대결을 보여주는 것이 서사 구성의 핵심이기 때문이다. 이러한 종류는 게임의 원형적 스토리텔링의 구조를 보여주는 것이라고 할 수 있다.

관문을 통과하면서 보조자를 얻는 형태는 게임에서 아이템을 획득하는 형태와 비슷하며, 각각의 시련에 대한 보상으로 아이템이 주어지기 때문에, 전체 스토리보다는 보조자나 아이템을 얻는 데 집중하게 만들 수 있다는 점에서 애니메이션보다 애듀테인먼트나 게임 스토리텔링에 더 적합하다.

'주인공 성장형' 및 '세계 여행 및 구원형' 스토리텔링은 게임 스토리텔링의 전형적인 기초가 되는 스토리텔링이다. 각 회마다의 완결성은 강하지만, 이전 사건에서 얻게 된 보조자나 아이템이 다음 사건의 해결 열쇠로 작용하기 때문에 모든 회를 보게 만드는 흡입력은 꽤 강하다고 할 수 있다. 위의 두 스토리텔링이 캐릭터 설정 면에서 단순한 반면 게임 스토리텔링은 보다 구체적이고 많은 캐릭터를 필요로 하는데, 캐릭터를 성격이나 심리보다는 기능과 능력으로 구별 짓고 특화하는 것이 그 특징이다.

인물이 어떤 기능을 할 것인가와 어떤 능력이 있어서 시련을 해쳐갈 수 있는가는 스토리의 중심인데, 주인공의 경우는 서술 초기에 여행을 시작하는 계기와 동기만 부여받으면 된다. 「디지몬」처럼 우연히 자신에게 온 편지를 받고 디지털 세계에 빠지게 된다는 설정은 결국 집에 돌아가야 한다는 목적 하나만으로 서사를 지연시킬 수 있다. 「환상게임」도 마찬가지이다. 한 평범한 고등학생이 도서관에서 발견한 이상한 책으로 인해 과거 환상의 세계로 빠져든다. 밖에서 누군가 책을 펴면 다시 현실로 돌아올 수밖에 없는 한계로 인해서, 책 속의 세계와 책 밖의 세계를 오가면서 이야기는 계속 연장이 된다.

이처럼 환상적인 공간이 스토리의 핵심이 된다. 공간 배경이 바뀌고 그 공간에서 끊임없이 새로운 사람을 만나면서 스토리는 재미를 더해간다.

TV용 애니메이션 스토리텔링의 패턴 지연의 서사

스토리텔링의 종류	전체 서사에의 관객 흡입력	각 회의 완결성	캐릭터 설정 포인트
① 사건 해결형 스토리텔링	각 회의 흡입력 크다. 전체 서사에 대한 흡입력은 약한 편.	각 회는 독립적·자체 완결적이다.	첫머리에 인물의 성격과 특성이 전부 제시되어야 함. 성격과 능력이 간략하게 제시되는 것이 중요. 단수 주인공.
② 주인공 성장의 스토리텔링	전체 서사에 대한 흡입력 강하다.	각 회의 완결성이 사건 해결형에 비해 떨어진다.	인물의 배경과 욕망 설정이 중요. 첫머리에 나오는 것은 주인공의 배경사. 단수 주인공. 캐릭터 집중형 스토리텔링.
③ 여행과 세상 구원형 스토리텔링	①보다는 흡입력 강하나, ②보다는 약함.	①보다는 각 회의 완결성이 부족하나 ②보다는 완결성이 크다.	인물의 능력과 서사 내에서의 기능이 중요. 복수 주인공. 다양한 인물군 필요.

캐릭터 집중도: ① > ② > ③ 캐릭터의 수: ① < ② < ③

사건의 연결성: ① < ② < ③ 사건의 독립성: ① > ③ > ②

극장용 애니메이션: 완결된 세계의 추구

TV용 애니메이션이 전체적인 중심 서사를 두고 부수적인 사건과 서사의 반복을 핵심에 두고 있기 때문에 전체 서사의 주제와 진행이 중요하지 않다면, 극장 영화의 경우는 반대로 가장 중심이 되는 것이 전체 서사이다. 캐릭터 설정의 경우도 극장 영화의 경우는 TV용보다는 복잡하게 설정되는 것이 기본이며 행동성이 뛰어나야 한다. 뿐만 아니라 낯선 캐릭터의 성격을 빠르게 파악할 수 있도록 외모나 행동에 포인트를 두어 관객의 이해를 유도하는 것이 필요하다.

극장용에는 보다 복잡한 인물의 구성과 사건의 구성이 필요한데, 그럼에도 불구하고 초반 도입부에 대부분의 설정을 이해시키는 것이 관건이라고 할 수 있다. 이는 기본적으로 영화의 스토리텔링과 유사하다고 할 수 있으므로 여기서 일반적인 영화적 스토리텔링에 대한 설명은 피하도록 하겠다. 단지 애니메이션의 경우 영화와는 다르게 실제 세계를 그대로 보여주는 것이 아니므로, 배경이 환상적인 설정으로 되어 있는 경우가 많다. 그래서 초반 도입부에서 캐릭터와 배경의 특성이 단번에 드러나는 것이 중요하다.

TV용 애니메이션이 주제 없이 지연과 반복을 통해서 서사 진행이 가능한 데 비해, 극장용에서는 주제 없이 진행되기가 어렵다. 주제가 가장 중요한 형식이 이 장르이기 때문이다. 극장용 애니메이션은 그 안에서 하나의 폐쇄적이면서 완결된 세계를 추구한다. 따라서 완성된 세계가 존재하지 않으면 극장용 애니메이션은 성공을 거두기 어렵다.

인물도, 배경도, 그것이 추구하는 사상도 그 나름의 깊이와 완결성을 가지고 있지 않으면 한 편의 극장용 애니메이션이 성공하기는 쉽지 않다. 물론 「포켓몬」 등 TV로 인기를 끈 시리즈가 극장 영화화되는 경우도 많다. 이 경우도 그 자체로 완결된 세상이 구현되어 있는 애니메이션, 즉 '사건 해결형' 스토리텔링의 구조를 갖춘 작품들이 극장용이 된다. 각 사건의 독립성이 높고 캐릭터 중심도의 비중이 커서 캐릭터의 매력과 개성을 많은 사람들이 알고 있는 경우, 그리고 사건의 독립성을 위해 완결된 세계를 구성해 놓은 경우에 극장용 애니메이션이 될 수 있다.

인터넷용 애니메이션: 압축과 비약

플래시 애니메이션은 최근 인터넷에서 활발해지면서, 다양한 영역에서 활용되어 애니메이션의 영역을 다양하게 확장시킨 장르라고 할 수 있다. 앞으로 더 많은 변화가 있을 것으로 보이지만, 이제까지의 특성을 기반으로 살펴본다면, 이 장르는 일종의 단편 영화의 특성을 지니고 있다고 볼 수 있다. 형식에 있어서는 거의 후반부의 반전과 패러디가 주를 이루고 있는데, 짧은 시간에 서사를 진행시키고 끝내야 한다는 장르적 속성 때문에 사람들에게 익숙한 것을 이용하는 것을 핵심으로 하고 있다. 따라서 누구나 알 수 있도록 캐릭터의 속성에 있어서도 복잡한 성격보다는 단순한 성격으로 구성하며, 특히 외모의 몇 가지 특성을 통해 성격을 구현하는 것을 핵심으로 한다.

　인터넷 애니메이션에 대한 폭발적인 인기와 관심을 불러온 것은 「마시마로」 시리즈이다. 일명 '엽기토끼'로 불리는 곰처럼 보이는 이 토끼, 마시마로는 이마로 병을 깨면서 덩치 크고 성질 나빠 보이는 곰을 단숨에 제압해, 많은 사람들의 애정을 독차지했다. 이 시리즈의 경우 몇 가지 특징이 있다. 일단 상식을 깨는 반전으로 사건이 구성되어 있다는 점이다. 이는 대체적으로 플래시 애니메이션이 캐릭터 등을 홍보하는, 순간의 예술을 지향하기 때문에 그렇다. 아주 짧은 시간, 1분도 채되지 않는 순간 동안에 애니메이션을 보여주고, 효과를 얻기 위해서는 강한 개성이 있는 캐릭터가 필요하다. 따라서 단편소설이 그렇듯이, 순간의 미학을 취한다.

　인터넷을 매체로 하는 경우 애니메이션은 아니지만 장르적 특성이 독특한 '온라인 만화'가 있다. 이는 한동안 플래시 애니메이션이 주름잡던 인터넷 만화, 애니메이션계를 평정한 새로운 장르라고 할 수 있다. 강풀의 「순정만화」, 강도하의 「위대한 캣츠비」, 국중록의 「츄리닝」 등은 새로운 형식의 장르라고 할 수 있다. 이들 작품의 특징이라면, 스크롤(화면을 내려가면서 보는 것)해서 보는 것의 효과를 충분히 활용하고 있다는 것이다. 기존 만화와는 다른 화려한 색깔과 시선의 이동을 통한 극적인 전개를 추구하는 것, 이는 플래시 애니메이션이 추구해왔던 '단편' 장르의 한계를 다른 측면에서 극복하고 있는 것이다.

매체별 스토리텔링의 특성

장르	인물의 특성	사건의 특성	서사진행의 특성
TV용	성격의 단순화 (전형적 캐릭터), 많은 사건의 흡수가 가능한 형태	반복 가능한 사건의 형태, 개별 사건은 동일하게 구성	첫 회에 인물의 핵심과 전체 서사의 동인을 보여준 후, 각 회 반복적 구성이 되도록 함
극장용	성격의 복잡화 (개성적 캐릭터)	독립적인 사건의 나열. 개별 사건의 차이.	초반 15분에 캐릭터의 성격 파악이 가능.
플래시	성격의 단순화와 성격의 외모화	단순한 사건. 되도록 일반인이 많이 알고 있는 사건 진행의 형태.	이해하기 쉬운 인물과 사건으로 몰입이 어렵지 않도록 설정. 마지막 장면에서 기존의 사고방식을 뒤엎는 구성이 되도록 함.

반복 구조와 장르의 놀이

이렇게 장르적인 반복에서 많은 사람들이 얻는 것은 '상상력'이다. 의외로 이러한 장르의 룰은 사람들에게 장르의 법칙, 즉 일종의 규칙을 심어준다. 영역을 정해주고 그 영역에서 새로운 것들을 만들어내는 것은 일종의 놀이라고 할 수 있다. 결국 만화와 애니메이션에서 사용하는 반복 구조라고 하는 것은 작가와 독자가 벌이는 일종의 장르 관습의 대결이다. 전형적인 형식의 반복 속에서 작가는 어떻게 새로움을 찾고 독자는 어떤 새로움을 예상하는가에 대한 두뇌 싸움. 결국 '사건 해결형' 등 보편적인 스토리텔링의 형식은 반복의 규칙 속에서의 새로움을 추구하는 형식이라고 할 수 있다.

우리는 결국 스토리텔링에서 정신적 유희라는 궁극적인 이성의 놀이를 추구한다. 이성의 놀이가 만들어낼 수 있는 문화적 장치란 결국 '장르' 혹은 보편적 형식이라 할 수 있을 것이다. 디지털 시대가 요구하는 스토리텔링이 구조적 측면에서 장르적 요소를 가지고 있다고 한다면, 이 구조는 관습이라는 말로 치환이 될 수 있을 것이다. 이를 다른 말로 하면, 독자 혹은 이 시대의 문화 소비자들의 상상력을 펼치게 도와주는 하나의 장이라고도 할 수 있다. 배경만 펼쳐 놓으면, 그들은 누구든 그 장르를 즐길 것이고, 그리고 그 장르를 초월하여 상상할 것이다.

대중 애니메이션이 주로 액션·어드벤처형 스타일의 스토리텔링 방식을 취하는 것은 즐거움을 취하는 요인, 아동으로 상징되는 애니메이션 주요 관객이 어디에서 즐거움을 얻는가 하는 부분을 알기 때문이다.

보편적 스토리텔링의 법칙

보편적 스토리라는 것이 존재하는가? 이에 대해서 쉽게 답할 수는 없다. 그러나 반복적으로 사용되는 스토리텔링 구조는 존재한다. 애니메이션의 경우, 타깃과 매체에 따라 스토리를 구조화하는 방식은 다양하다. 그러나 가장 기본이 되는 것은 어떤 모티브와 사건을 중심으로 잡는가 하는 것이다.

주인공을 고난에 빠뜨려라: 갈등

애니메이션 스토리의 경우, 사건이 중심이 된다. 또 인물을 성격화할 때에도, 그 내면을 보여주는 방식보다는 행동을 보여주는 경우가 많다. 따라서 어떤 사건이 중심인가를 우선 결정해야 한다. 사건의 핵심은 갈등이다. 즉, '무엇인가를 하고 싶은데 그것을 할 수 없다'는 것이 핵심이다. 따라서 이야기는 인물이 무엇을 '할 수 없는가' 하는 점을 중점으로 진행되어야 한다. 갈등을 설정해주고 이를 풀어가는 과정, 이것을 스토리의 중심이라고 이해하면 되는데, '어떤 과제를 주고 어떻게 해결할 것인가?'의 문제를 풀어가는 것이 작품의 전부라고 생각하면 된다.

또한 '그가 원하는 것을 막는 것은 무엇인가?'라는 질문의 답을 스토리 구성의 중심에 두면 된다. 갈등이란 중심 캐릭터와 중심 캐릭터가 원하는 것을 방해하는 것 사이에서 발생하는 '무엇'이다. 데이비드 하워드는 "누군가 죽도록 무엇을 하고 싶다. 그런데 그것을 못하게 된다"는 설정이 모든 이야기의 핵심이라고 말한다. 디지털 스토리텔링에서도 이처럼 원하는 것과 그것을 못하게 하는 '장애물'은 매우 중요하다. 이는 디지털 시대 스토리에서 요구되는 '인터랙티비티', 즉 유저의 적극적인 반응을 유도하기 위한 스토리텔링의 장치가 '갈등', 즉 '장애물'이기 때문이다. 프로프의 『민담형태론』을 보면, 언제나 주인공에게는 금지의 말이 부과되고, 이를 위반하는 데에서 사건은 시작한다. 쉽게 말한다면, 무엇인가 없는 것을 찾으러 혹은 금지된 것을 어기기 위해 주인공들은 자신의 현 위치에서 떠나야 한다. 애니메이션의 경우, '여행의 서사와 성장의 서사'가 기본을 이루는 경우가 많다.

스토리를 즐기는 사람들을 어떤 경우에 어떻게 몰입으로 유도하는가? 이는 어떤 갈등을 제시하고, 어떤 문제를 해결해 나가는가 하는 점을 보여주는 것에서 시작할 수 있다. 갈등은 처음에는 단순한 설정에서 시작한다. 「니모를 찾아서」의 경우, 세상에 나가서 자유롭게 활동하고 싶은 아들과 몸이 불편한 아들을 무조건 보호하고자 하는 아버지의 갈등이 중심축이다. 그러다 우연히 잠수부에게 잡혀간 아들을 구출하기 위해 시드니로 여행을 떠나는 아버지와, 어항에서의 탈출을 꾀하는 아들이 양대 사건을 만드는 것이다.

그렇다면 이것을 어떻게 써야 할 것인가. 단순히 '그는 이런 과제를 이렇게 잘 해결했다'고 하는 것은 흥미를 유발할 수 없다. 일단 호기심 유발을 위해 관객에게 실마리를 던져야 한다. 그렇다면 관객에게 내가 처음 던질 질문, 즉 갈등의 계기는 무엇일까를 생각해보자. 「니모를 찾아서」를 보면, 왜 니모의 아빠가 니모를 과잉보호하는지가 서두에 나온다. 무섭고 큰 물고기에 의해 니모 엄마를 잃고 니모도 잃을 뻔한 사건을 통해 갈등의 원인을 보여준 것이다. 이 첫 장면을 통해 우리는 왜 니모의 아빠가 바다를 위험시하면서 니모를 과잉보호하는지를 알 수 있다.

이런 식으로 갈등의 원인을 스토리 초두에서 밝힌 방식이 있는가 하면 갈등의 원인을 스토리 말미에서 밝히는 방식도 있다. 여기에서 중요한 것은 우리가 구성을 할 때 고려할 것은 사건의 나열이 아니라, 사건의 동인이 되는 '갈등의 요소를 어느 부분에서 드러나게 할 것인가'이다. 관객이 궁금해 하는 요소를 언제 어떻게 조금씩 드러내는가가 스토리를 효과적으로 진행해 가는 요령이다.

전하고 싶은 것이 뭐야: 주제 구성의 원칙

주제란 작가가 말하고 싶은 것이다. 주제라고 하는 것은 세상에 대한 작가의 인식이기 때문에, 세상에 어떠한 주제들이 있는지 설명할 수는 없다. 단지 여기서는 주제를 구성하는 방식에 대해서 간단하게 설명하고자 한다. 위의 캐릭터 설정에서 살펴보았듯이, '어떠어떠한 캐릭터가 무엇을 매우 하고 싶은데, 그것을 할 수 없다'는 것이 스토리텔링의 기초 내용이다. 여기서 그가 원하는 것을 방해하는 요소가 바로 주제의식과 밀접한 연관이 있다. 캐릭터가 자신의 원하는 바를 이루기 위해, 역경을 어떻게 헤쳐 나가는가에서 주제의식이 도출된다고 보면 된다.

그레마스는 "의미는 추상적인 정의를 통해서 얻어지는 것이 아니라 상호 간의 다양한 관계에 의해 이루어진다"고 보았다. 이를 구체적으로 만든 것이 반대와 모순항에 의한 기호학 사각형이다. 이러한 기호학 사각형을 프레드릭 제임슨은 "이야기체를 인식으로 전환시켜 주고, 인식을 이야기체로 전환시켜주는 블랙박스"라고 부르는데, 그는 기호학 사각형을 형성할 요소를 "무엇으로 정하느냐"보다는 "어떠한 순서로 전개하는가"가 문제가 된다고 하였다.

이 기호학 사각형의 의미 생성 방식을 애니메이션 스토리텔링 주제 도출 방식에 적용시켜보자. 제임슨은 스토리는 주제라는 가치를 어떻게 배치하는가에 의해 생성되는 것이라고

하였다. 예를 들어 '신의'라는 주제로 스토리를 작성하고자 한
다고 하자. 신의와 대조되는 가치는 배신이다. 또한 신의란 변
화하지 않는 신념이다. 따라서 여기서 뽑아낼 수 있는 가치는
전통과 보수이다. 이를 통해 우리는 다시 빠르게 변화한다는
'변화'라는 가치를 뽑아낼 수 있다. 이 네 가지 요소가 주제를
탄탄하게 만드는 구성요소이다.

「토이스토리 2」의 경우 주제는 버려진 인형의 주인찾기,
다시 말하면 아날로그 세계의 가치를 디지털 세계에서도 인정
받기이다. 우즈를 통해 작품이 지향하는 것, 즉 긍정항에 들어
가는 것은 옛 인형이 가진 가치이다. 변함없는 신의와 서로의
우정 등의 가치는 이들이 추구하고자 하는 것이다. 이들의 신
의를 방해하는 것은 변화하는 세계이다. 따라서 주인공들을
곤경에 빠뜨리는 갈등 요소로 변화하는 세계를 설정했다.

기호학 사각형의 예

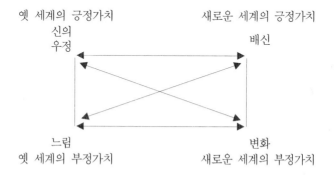

그러므로 신의라는 요소를 먼저 생각하고 이것에 대립이 되는 배신을 고려한 후, 그것을 긍정적 요소로 표출한 변화라는 항목을 생각할 필요가 있다. 이를 토대로 각각의 항목을 상징하는 장치를 만들거나, 갈등 요소들을 만들면 그것으로 충분하다.

스토리의 원형과 변화

스토리의 원형을 따지는 것은 간단한 일은 아니다. 여기서는 회사별로 추구하는 스토리의 원형과 변화에 대해서만 간단히 살펴보겠다. 다양한 스토리의 종류가 있겠지만, 여기서는 그 기본형으로 민담의 형태론, 즉 영웅 서사를 보편적인 원형이라고 설정해보겠다.

영웅 서사의 12단계

1. 영웅은 범속한 나날의 일상을 살아가다가, 그곳에서
2. 영웅은 모험에의 소명을 받는다.
3. 영웅은 처음에 결단 내리지 못한 채 주저하거나 소명을 거부한다. 그러나
4. 정신적 스승(혹은 초자연적인 조력)의 격려와 도움을 받아
5. 첫 관문을 통과하고 특별한 세계로 진입한다. 그곳에서
6. 영웅은 시험에 들고, 협력자와 적대자를 만나게 된다. (시련에 빠지게 되고, 여신을 만나 도움을 받는 한편, 유혹자로서의 여성과도 만나게 된다.)

---

7. 영웅은 동굴 가장 깊은 곳으로 접근하여, 두 번째 관문을 건너게 되는데

8. 그곳에서 영웅은 시련을 이겨낸다.(여기서 아버지와 화해를 하게 되고, 신과 같은 위치에 오르게 된다.)

9. 영웅은 이의 대가로 보상(궁극의 은혜)을 받게 되고

10. 일상세계로의 귀환 길에 오른다.(여기서 영웅은 귀환을 거부하다가, 불가사의한 탈출을 하게 되며, 외부로부터 구조되기도 한다.)

11 영웅은 세 번째 관문을 건너며, 부활을 경험하고, 그 체험한 바에 의해 인격적으로 변모한다.

12. 영웅은 일상 세계에 널리 이로움을 줄 은혜로운 혜택과 보물인 영약을 가지고 귀환한다.(삶의 자유를 얻는다)

영웅 스토리텔링에서 이러한 과정은 많은 측면에서 의미가 있는데, 우선 가장 중요한 것은 이러한 스토리텔링 과정이 인간 주체의 '심리적 성장 과정'을 반영한다는 것이다. 캠벨은 융을 원용하면서 신화, 민담 등에서 발견되는 무수한 '영웅 스토리'는 주체의 성장 과정의 집단 무의식을 반영한다고 말한다. 즉, 모든 개인의 주체화 과정을 반영하고 있는 이야기가 바로 '영웅 스토리'라는 것이다. 따라서 영웅의 이야기는 단순한 '그들'의 이야기가 아니라 '나'의, '우리'의 보편적인 성장 스토리의 일부이며 인간의 무의식을 사로잡은 이야기라는 것이다.

'영웅 스토리텔링'이 이처럼 많은 역사를 뛰어넘어 디지털 시대의 콘텐츠를 사로잡은 이유도 이렇게 설명할 수 있을 것

이다. '영웅 스토리'는 그것을 향유하는 사람에게 주체의 동일화를 심리적으로 요구한다는 것이다. 특히 디지털 스토리텔링은 관객의 적극적 참여와 동일시를 요구한다. 그러니 '영웅 스토리텔링'의 기본 조건인 '동일화'가 극대화될 것이다. '자기 동일시'의 일차 조건이 '영웅 되기'라면 '영웅 스토리텔링'이야말로 사람들을 끌어당기는 큰 요인이 되는 것이다.

디즈니는 기본적으로 영웅 성장 서사를 추구하고 있다. 멋진 주인공이 나와 역경과 고난을 뚫고 악당을 물리쳐 성공을 손에 넣거나 확실한 영웅이 되는 스토리텔링이 디즈니의 중심 스토리텔링이다. 갈등의 유형이나 중심 모티브 그리고 그 진행을 변형시킬 수 있지만, 놀랍게도 디즈니의 애니메이션은 전편을 하나로 만들어도 무리가 없을 정도로 비슷한 구조로 되어 있다. '기존의 공간에서의 이탈, 그래서 겪는 고난, 그 과정에서의 우정과 사랑, 그 우정과 사랑이 겪는 아픔을 극복하기 위한 주인공의 활약, 보조자의 도움, 그리고 최후의 갈등과 싸움, 행복한 결말'이라는 과정을 벗어나는 스토리가 없기 때문이다. 이러한 스토리의 기본을 바탕으로 배경의 역사적 전환(「뮬란」「알라딘」「헤라클레스」), 동물 세계로의 전환(「인어공주」「라이온 킹」「아리스트 캣」「101마리 달마시안」), 역할 전환(「토이스토리」「타잔」) 등의 응용을 꾀할 뿐이다. 디즈니 애니메이션의 스토리 구조는 거의 원형을 응용하는 것으로 이루어져 있다.

보편 신화 변형의 예

민담적 원형	모티브 기본형	응용형A	응용형B	응용형C
	아버지와의 갈등	동물로 변환	주인과의 갈등	왕과의 갈등
오이디푸스 신화		「라이온 킹」 「인어공주」	「토이 스토리」	「뮬란」 「알라딘」 「헤라 클레스」

　그렇다면 이렇게 비슷한 스토리를 가지고 있는 디즈니 애니메이션이, 그럼에도 불구하고, 매년 인기를 모으는 이유는 무엇일까? 스토리텔링의 구조보다는 기본 구조의 변화 요소에 심혈을 기울이는 까닭이다. 즉, 배경에 변화를 준다든지, 동물의 세계를 실제에 가깝게 묘사한다든지, 역사적 사실을 통해 새로운 역사적 인물을 등장시키든지 하는 것이다. 더 나아가 디즈니는 비슷한 구조에 새로운 캐릭터를 창출하면서 새로움을 시도하기도 한다.

　픽사(Pixar)의 경우는, 「토이스토리」 「몬스터 주식회사」 「벅스 라이프」 「니모를 찾아서」 등에서 알 수 있듯이, 일단 주인공을 둘 이상 채택하고 있으며, 디즈니에서처럼 멋지고, 착하고, 사회적으로 훌륭한 '영웅'이 아니라, 말썽부리고(「토이스토리」), 겁 많고(「몬스터 주식회사」 「니모를 찾아서」), 사고뭉치(「몬스터 주식회사」)이며, 몸이 불편한(「니모를 찾아서」) 캐릭터를 등장시킨다. 이로써 픽사에서는 디즈니의 영웅 신화에 대비되는 '민중 서사'라고 할 정도의 스토리를 구사한다. 현실적응력이 떨어지는 인물들이 세상 속에서 우여곡절을 겪는 이러한 설정은 픽사의 스토리 전략이라고 할 수 있다.

방안에만 갇혀 지내는 「토이스토리」「몬스터주식회사」「니모를 찾아서」의 주인공들은 자신의 부족한 역량에도 불구하고 험한 세상을 만나 역경을 딛고 새롭게 성장하여 자신감을 가지고 원래의 공간으로 돌아온다. 이는 영웅 서사의 기본 전개를 모험 서사로 전환한 형태라고 할 수 있다. 결국 「일곱 난장이와 백설공주」의 난장이를 주인공으로 한 서사, 이것이 픽사의 전략인 것이다.

반면 애니메이션의 새로운 스토리텔링을 만들려고 했던 드림웍스는 이러한 디즈니의 전략을 비판하면서 시작했다. 익숙한 장치, 선악의 이분법, 그리고 코믹한 캐릭터를 제외하고 사실적인 캐릭터 기술을 목표로 한 드림웍스의 작품들(「이집트 왕자」「엘도라도」)은 처음에는 대중적 성공을 거두지 못했다. 그러나 익숙한 영웅 서사의 틀을 파괴하고, 캐릭터의 성격을 개발하기 시작한 드림웍스의 서사 전략은 결국 「개미」와 「슈렉」 같은 독특한 작품을 만들어 낸다. 드림웍스는 투덜거리고 불평이 가득한 ─ 우디 앨런의 캐릭터와 유사한 ─ 개미와, 거대하고 못생기고 지저분한 녹색 괴물인 슈렉이라는 독특한 캐릭터를 성공시키는데, 결국 사람들이 익숙하게 느끼는 서사로 회귀함으로 해서 성공을 거둔 것이다. 디즈니의 스토리텔링을 패러디해서 디즈니를 넘는 전법이 성공을 거둔 것을 보면, 결국 성공과 모험의 서사는 애니메이션에 사람들이 기대하는 기본적인 스토리텔링인 것이다.

「슈렉」은 패러디를 통해 얻을 수 있는 효과를 십분 잘 활용하였다. 기본적으로 스토리는 영웅 모험담을 기초로 하고 있다. 특히 기사의 모험담(왕의 명령을 받아 공주를 구출하는 형식)이 기본이다. 누구나 익숙하게 알고 있는 이 모험담에 독특한 캐릭터와 낯선 배경을 결합하여 패러디 효과를 가져온다. 예를 들어 성에 도달한 슈렉을 막는 용을 여자 용으로 설정해 당나귀와 사랑에 빠지게 하거나, 성주를 다리 짧고 못생긴 인물로 설정해 호감을 갖지 못하게 하고, 공주를 밤마다 마법에 걸려 못생기고 뚱뚱하게 변하게 만드는 등 기존 인물을 상식 밖의 인물로 설정하는 것이 「슈렉」의 서사 전략의 하나이다.

다른 하나는 원래 아는 것과는 다른 결말을 낳는 것이다. 공주가 마법에서 풀려 아름답게 되는 것이 아니라 못생기고 뚱뚱한 존재로 되는 것, 그리고 원래는 악한 존재로 보이던 용이 갑자기 당나귀와 사랑에 빠져 주인공을 도와주는 것 등은 기존의 서사를 뒤엎는 설정으로 재미를 가져온 경우이다.

드림웍스가 미국식으로 익숙한 디즈니의 스토리텔링 방식을 뒤집고자 하였다면, 일본 애니메이션은 일본만의 독특한 색깔로 새로운 애니메이션 스토리텔링을 만들었다. 일본의 경우 새로운 장르, 순정이나 스포츠, 학원, 로봇을 중심으로 한 애니메이션을 개발한 것이 그 전략이었다. 특히 미래사회를 지향한 SF물은 많은 서구 영화의 원형이 되고 있을 정도로 그 상상력의 원천이 되고 있다.

일본 애니메이션의 독특한 색깔과 새로운 스토리텔링의 개발은, 이제 하나의 원형이 될 정도로 독특한 형태를 갖추었다. 대표적으로 미야자키 하야오(지브리 스튜디오)의 스토리텔링만을 살펴보면, '여행과 성장의 서사'를 기본으로 함을 알 수 있다.「천공의 성 라퓨타」「고양이의 보은」「미래소년 코난」「우편 배달부 마녀 키키」「모노노케 히메」등에서 펼쳐지는, 한 어린 주인공이 환상의 세계에서 겪는 모험담이 바로 그것이다. 이 가운데「우편 배달부 마녀 키키」가 이 모든 이야기의 기초가 되는 스토리텔링이라고 할 수 있는데, 한 어린 소녀가 낯선 곳에서(여행) 각박한 현실(고난)을 바꾸기 위해 현실적인 문제들을 극복할 수 있는 인물이 된다는(성장) 구조는, 현실의 문제에 초점을 두고 이것을 어떻게 바꿀 것인가, 어떤 현실이 문제인가를 고민하는 지브리 스튜디오의 스토리텔링 전략과 잘 맞는 스토리 구조라고 할 수 있다.「센과 치히로의 행방불명」의 경우도 이러한 틀을 받아들여, 낯선 환상의 세계로 간 순진한 치히로가 목욕탕 주인으로 상징되는 탐욕과 욕망의 세계를 바꾸는 데 성공하는 스토리의 구조를 가지고 있다.

디즈니: 가출(모험을 떠남) → 획득물을 찾은 여행(시련) → 시련 극복과 결과물을 획득(성공)

선한 영웅이 악을 물리치고 승리

> **지브리:** 가출(익숙한 세계에서의 탈출) → 낯선 세계에서의
> 방황과 부적응 → 부조리한 세계의 변화를 통한 성
> 장 → 귀환
> **순진한 소녀(혹은 소년)가 부조리한 세계를 감화·변화시킴**

　문제는 이러한 기본 구조를 어떤 사상과 철학으로 변환·응용하는가이다. 픽사와 같이 캐릭터의 변환, 즉 복수 주인공의 채택과 일상적인 사고뭉치를 중심 캐릭터로 채택함으로써 스토리텔링이 변화한 것처럼 보이게 하기도 하고, 드림웍스처럼 기본 서사를 패러디하는 식으로 서사에 변화를 주기도 한다. 지브리의 경우엔 기본적인 서사 패턴에 변화를 주기보다는 스토리에 철학을 접목시켜 메시지를 전달하기 때문에 다르게 보이는 것이다.

　결국 다수의 상업 애니메이션이 기본으로 하는 스토리텔링 전략이란, 보편적 다수가 즐기고 있는 신화(영웅)의 스토리텔링이다. 이 각각의 모티브들을 기본으로 하여, 익숙하면서도 낯선 스토리들을 뽑아내는 것이 이야기를 만드는 전략이다. 각각 활용 가능한 모티브들을 축적하고, 이를 기초로 스토리를 짜고, 이를 변형하고 새롭게 조합하고……. 이야기는 이렇게 만들어지는 것이다.

다양한 활용을 위한 캐릭터 설정의 법칙

캐릭터, 어떤 주제를 형상화하는가

디지털 콘텐츠의 경우, 특히 애니메이션은 성공적인 스토리텔링을 위해 캐릭터가 가진 중요성을 높일 필요가 있다. 앞에서 보았듯이, 일반적으로 패턴을 가진 스토리텔링으로 되어 있기 때문이다. 또한 매체의 특성상 캐릭터 산업과 연관시키기 좋기 때문이기도 한데, 그렇기 때문에 어떤 캐릭터를 만드느냐에 따라 애니메이션 전체의 성패가 결정되기도 한다.

캐릭터를 중심에 두고 애니메이션을 만들기 위해서 가장 중요한 것은 이 인물이 원하는 것이 무엇인가, 이 인물이 지향하는 바가 무엇인가를 정하는 일이다. 세부적인 상황(인물이냐

동물이냐, 여성이냐 남성이냐 등등)의 문제는 그 이후에 정하는 것이다.

캐릭터(인물)가 뭘 원하는가 하는 문제, 즉 인물의 욕망은 작품 전체의 주제와 밀접한 연관을 가질 수밖에 없다. 예를 들어 「토이스토리 2」는 시대에 뒤쳐진 인물들의 살아남기가 그 주제이다. '누구나 쓸모 있다'라는 주제를 이제는 낡아버린 인형들의 이야기를 통해서 풀어간다. 이 주제를 구현하기 위해, 이 애니메이션에 나오는 캐릭터는 시대에 적응하지 못하는 인물들로 설정되어 있다.

이 애니메이션 캐릭터들은 시대에 뒤쳐진 인물들답게, 상황 파악이 느리고 판단이 느리며, 큰 욕심이 없는 성격을 공통적으로 지니고 있다. 이들이 원하는 것은 주인에게 사랑받는 것이다. 역으로 말하면 큰 욕망 없이 살던 사람들에게 닥친 위기의식, '욕망 만들기=난 무엇을 위해 살아야 하는가'가 이 애니메이션의 주제인 것이다. 이런 식으로 주제와 캐릭터들의 욕망은 밀접한 연관이 되어 있다.

이는 더 나아가 시대정신과도 연관이 되어있다. 급속하게 변해가는 사회 속에서, 뒤처져 가는 인물들의 위기의식, 그리고 변화 속에서 살아가려는 몸부림을 그리려고 한 것이 「토이스토리 2」이다. 결국 '인물의 욕망'은 그것을 억압한 시대의 문제를 함축하며, 그 시대가 빚어낸 사건과 고난을 어떻게 해결해 나가느냐에 따라 '주제의식'과 연결되는 것이다.

따라서 중심이 되는 인물을 설정하고, 이 인물이 추구하는 것, 혹은 최종적인 목표를 결정하는 것이 가장 처음에 해야 할 작업이다. 주체가 행동을 시작하는 이유, 즉 욕망을 설정하는 것이 애니메이션 전체의 방향을 설정하는 중요한 조건이다. 따라서 인물을 작동시키는 원리인 욕망을 설정한 다음, 캐릭터의 구체적인 특성들을 설정하는 것이 필요하다.

애니메이션은 행동과 표정의 스토리텔링이다. 따라서 추상적인 욕망을 구체화하고 행동과 표정 등 외형적인 요인으로 나타내야 한다는 점이 애니메이션 캐릭터 창출의 핵심이다. 애니메이션의 경우, 가상의 캐릭터, 즉 디지털 캐릭터가 연기를 하기 때문에 실제 인물이 하는 연기에 비해 섬세한 면의 표현에서는 많이 부족하다(물론 이는 조만간 기술적인 부문의 발전에 의해 보완될 것으로 생각된다). 뿐만 아니라 일반적으로 사람들이 실사 장면에서 느끼는 감상과 실사가 아닌 이미지에서 느끼는 감상은 다르다. 그래서 애니메이션같이 처음부터 끝까지 환상 속에서 내용이 진행될 경우, 그 환상적 측면을 고려한 주제의식 및 욕망이 필요하다. 따라서 무엇보다도 환상적인 요소를 강조하고 과장하여 보여줄 필요가 있다.

압축된 첫 장면으로 단숨에 캐릭터를 이해시켜라

따라서 욕망과 성격을 서두에서 집약적으로 보여줄 수 있어야 하며, 이를 위해 반복적으로 행동해서 사람들에게 각인시킬 필요가 있다. 「니모를 찾아서」에서 등장하는 건망증이

심한 물고기의 경우 초반부터 자신의 성격을 확실하게 각인시키는데다가, 반복적으로 그 성격을 환기시켜줌으로 해서 캐릭터화에 성공했다고 볼 수 있다. 「슈렉」의 경우, 첫 장면은 슈렉이 화장실에서 용변 보면서 코를 후비는 것으로 시작한다. 슈렉이 가진 캐릭터를 압축적으로 보여주는 장면이다. 이 장면을 통해 주인공이지만 우리가 상상하는 그런 존재, 즉 화장실도 갈 것 같지 않은 멋진 영웅이 아니라 일상적인 존재라는 점을 첫 장면에서 확실하게 각인시킨다. 이는 이제까지 애니메이션 등에서 다룬 멋진 주인공이 더 이상 주인공이 아니며, 세상을 구원하거나 공주를 얻는 것도 남다른 영웅이 아니라는 주제 의식까지도 드러내주는 아주 압축적인 장치이다.

「슈렉 2」에서도 같은 방식으로 첫 장면을 시작한다. '아름다운 공주와 멋진 왕자는 사랑을 이루어서 행복하게 살았습니다'로 끝난 기존의 로맨스 스토리를 비웃기라도 하듯, 「슈렉 2」는 뚱뚱한 녹색 괴물 두 마리로부터 시작한다. 녹색 괴물로 변한 피오나 공주는, 늪에서 방귀를 뀌고 진흙 구덩이에서 뒹굴고 벌레를 가지고 노는 등 지저분한 짓을 하며 행복해 한다. 이 장면 역시 사랑의 환상을 깨겠다는 전체 주제를 압축적으로 보여주는 장면이다. 현실의 환상과 로맨스를 확실하게 비웃겠다는 작품의 의도를 첫 장면의 행동과 캐릭터의 외모를 통해 확실하게 보여주는 것이다.

세상이 규정하는 규칙과 틀에서 벗어나고 싶은 보통 사람들의 욕망은 슈렉과 피오나의 지저분하면서도 상식을 초월하는 행동에서 보상받는다. 그런 점에서 슈렉이라는 캐릭터의 행동은 상식과 전형을 파괴하고 싶은 욕망의 상징이다. 이렇게 욕망을 반영하는 캐릭터가 작품 전체의 장르인 '패러디'의 성격과 맞아서, 효과적인 웃음을 자아낸다.

「토이스토리 2」에서도 우즈와 버디의 성격을 외양과 행동에서 잘 특징화하고 있다. 우즈의 욕망은 앞에서 언급한 대로 주인에게 사랑받기이다. 사랑을 받기 위해선, 주인의 관심사를 만족시키고, 변화하는 주인을 설득해야 한다. 그래서 우즈가 카우보이 복장을 하고 있는 인형으로 나오는 것은 의미심장하다. 카우보이라는 개척의 인물, 끊임없이 무엇인가를 찾아서 달리는 이미지는 사랑을 받기 위해 끊임없이 노력하는 행동이 상징화된 외모이다. 그가 늘 뛰기를 좋아하는 것 역시 사랑을 받아 위치 상승을 이루고자 하는 욕구를 반영하고 있는 행동이다.

「토이스토리 2」의 욕망구조

주인에게 사랑받기라는 주제를 표현하기 위해 스토리에 등장하는 캐릭터들은 하나같이 느리고 어수룩하게 나온다. 슬링키의 경우 긴 허리로 인해 늘 뒤처지고 여기저기에 허리가 걸린다. 이는 시대의 뒤처짐을 상징하는 장치이다. 미스터 포테이토의 경우 자기의 눈과 코 등을 잃어버리고, 늘 제자리에서 뒤뚱거리고 있다. 이것 역시 현대화된 사회에 맞지 않는 어리

```
                        기본 모델

발신자  →  대상  →  수신자
        (①)↑
보조자  →  주체  ←반대자


                        적용 모델

변화하는 속도의 사회→ 주인  →  새로운 사회
   (사랑받고 싶은 욕망) ↑
              옛 사회  →  우즈  ←  새로운 사회의 산물
```

숙함의 대명사이다. 즉, 사회에 뒤처짐이라는 형태는 여러 가지 모습과 행동으로 구체화되는 것이다. 차가 쌩쌩 달리는 아스팔트를 건너지 못하는 것과 같은 슬링키의 행동 패턴도 '사회의 변화에 뒤처져 있음'이라는 주제를 상징하는 요소인 것이다.

이처럼 사람들이 간절히 바라는 것 – 욕망이라고 할 수 있는 – 을 캐릭터의 외양을 통해 상징적으로 표현하는 것이 중요하다. 더 나아가 캐릭터의 행동을 통해 첫 장면에 압축적으로 표현하는 것도 매력적인 캐릭터를 만드는 중요한 요건이라고 할 수 있다.

매력적인 캐릭터를 만들려면, 일단 ①한 가지 욕망을 만들 것 ②그것을 은유 기법을 통해 성격화할 것 ③성격을 다시 전

형적인 행동이나 외양으로 만들 것 등의 원칙을 잊지 말아야
한다.

애니메이션의 매력 캐릭터의 계보

캐릭터를 규정하는 것은 무엇인가?

소설의 세계에서 인물, 즉 캐릭터의 성격을 규정하는 것은 '심리'이다. 그 혹은 그녀의 정신세계와 심리 상태가 캐릭터를 규정하는 핵심이었다. 그래서 스토리 구조를 결정하는 데에도 캐릭터의 심리와 성격이 중요하였다. 그러나 소설과 달리, 디지털 콘텐츠에서 인물의 특성을 규정하는 가장 중요한 축은 '행동'과 '외양'이다. 어찌보면 이미지를 중시하는 디지털 스토리텔링의 특성상, 이 두 요소를 강조하는 것은 당연해 보이기도 한다.

'외양'이 중요한 이유가 단순히 스토리텔링의 종류 때문만은 아니다. 이는 시대가 요구하는 스토리텔링과 디지털이 요구하는 스토리텔링이 다르기 때문이다. 시대가 요구하는 스토리텔링의 핵심은 인터랙티비티, 즉 사용자보다는 수용자(유저일 수도 있고, 관객일 수도 있는 그들)의 적극적 참여와 동일시이다. 그러므로 이제 더 이상 닫힌 텍스트 속 캐릭터의 심리와 성격은 전혀 중요한 것이 아니다. 그 자체로 완벽한 하나의 세계를 갖추고 있어야 하는 문학 속의 인물 혹은 문자 시대 스토리의 인물과 달리, 이제 디지털 콘텐츠에서 매력적인 캐릭터란 심리적으로 완벽한 세계를 구축한 캐릭터와는 거리가 멀다.

가장 진보한 형태라고 평가받는, 디지털 시대의 스토리텔링인 게임에서 인물의 심리라는 것이 도대체 무슨 소용이 있단 말인가. 웹에 등장하는 캐릭터, 아바타(이를테면 미니홈피의 미니미)의 정신세계에 도대체 누가 관심을 가진단 말인가. 디지털 콘텐츠에서 캐릭터란 얼마나 멋지게 생겼으며(근사한 외양), 얼마나 아이템을 잘 쟁취하고(캐릭터의 기능성), 얼마나 빨리 레벨을 올리는 행동을 하는가가 중요하다.

물론 스토리에서 캐릭터를 규정짓는 중요한 요인이 행동이 된 것이 디지털 시대에 와서 처음 있는 일은 아니다. 멀고 먼 옛날, 신화시대에서 캐릭터를 규정하는 중요한 기준은 행동이었다. 신화와 민담에서 '캐릭터'는 역할과 임무만으로 규정되었다. 여기서 겉으로 드러나지 않는 캐릭터의 내면과 심리는 중요한 요소가 아니었다. 그러나 길고 긴 역사를 거쳐 근대사회를 향해 오면서, 인간의 이성과 정신이 근대의 중심이 되고,

그 이성을 규명하는 것이 인류 문화의 과제가 되자, 캐릭터가 사건에서 보여주는 행동과 사건에서 맡는 역할이나 임무는 점점 문학의 바깥으로 밀려나기 시작했다. 그러면서 캐릭터 스토리텔링의 핵심에 위대한 '정신세계' 그리고 그 정신세계의 복잡한 '심리'가 자리 잡기 시작했다. 그런데 아이러니하게도 이성의 관문을 통과한 지금, 우리는 신화시대의 스토리텔링으로 회귀하고 있는 것이다.

다른 한편 캐릭터에서 심리가 중요하게 된 것이 순전히 이성 탓만은 아니다. 이는 '문자', 즉 매체의 역사 때문이기도 하다. 인간의 사고를 담는 도구로서의 문자는 인간 심리의 미세한 흔들림을 담는 데에도 무리가 없이 발전해왔다. 문자 문화의 대표적 예술이라면 소설을 꼽을 수 있다. 예술적 매체로서의 문자가 시대를 좌지우지했던 시대에 이미지는 아무래도 부차적인 표현물에 불과한 것으로 여겨졌다.

이미지는 문자보다 직접성이 떨어지기 때문에, 인간의 심리에 있어서 독자에게 해석의 자의성을 준다. 사진에서 심리를 읽어내기란, 소설의 그것보다 떨어지지 않는가? 반면, 이미지와 문자가 만났다고 할 수 있는 영화에서 캐릭터는 또 다른 발전을 거듭한다. 무성영화보다는 유성영화에서 캐릭터의 심리가 더 잘 드러난다는 점을 고려해 본다면, 캐릭터에서의 심리란 분명 매체의 변화와도 관계가 되어 있는 것이다. 매체가 발전하면서, 스토리텔링의 구조와 캐릭터도 변화하는 것이다. 인간의 심리 표현이 가능한 매체, 그리고 심리 표현이 더 의미

있는 매체가 분명히 존재하는 것이다.

그러니 지금의 디지털 콘텐츠라는 매체에서 캐릭터의 '외양'과 '행동'이 중심이 된다고 하더라도, 그것은 지금 이 순간뿐일 수도 있다. 매체가 변하면, 소설이 그렇게 발전했듯이, 캐릭터가 담고 있는 것도 변할 수 있다. 이제 캐릭터를 규정짓는 여러 요소는 스토리텔링만의 문제가 아니다. 어떻게 행동과 심리를 이미지화하는가가 캐릭터를 규정짓는 중요한 원리가 된 것이다.

'무엇을 이미지화하여야 하는가?'라는 문제에서 핵심이 되는 것은 어떤 행동이 캐릭터를 특징지어야 매력적인 캐릭터가 되는가 하는 문제이다. 세상에는 많은 매력적인 캐릭터가 있다. 아이들에게서 사랑받는, 전형적인 애니메이션 캐릭터를 살펴보면서, 어떻게 매력적인 캐릭터가 탄생·변천해 왔는가를 살펴보자.

일곱 난장이, 디즈니 애니메이션 감초 캐릭터의 원조

최초의 인기 디즈니 애니메이션이라고 알려져 있는 「백설공주」를 보자. 이 애니메이션에서 무엇보다도 주목받았던 캐릭터는 일곱 난장이였다. 실제 「백설공주」에 나온 등장인물 중 상품화된 캐릭터는 일곱 난장이뿐이다. 그 이유는 일곱 난장이가 주인공인 백설공주보다 더 사랑받은 캐릭터이기 때문이다. 왜 '백설공주'가 아니라 '일곱 난장이'가 사랑받는 캐릭터가 되었을까? 이유는 간단한다. 이들이 '개성 있는' 보조자들이기 때문이다. 백설공주가 사건의 주인공이긴 하지만, 이야기를 즐겁게 그리고 발랄하게 만드는 역할, 또 공주가 왕자를 만나게 만드는 가장 결정적인 역할을 한 것은 바로 이들 일곱 난장이이다. 공주는 왕자의 선택을 받았지만, 관객의 선택을 받은 것은 일곱 난장이였다.

이처럼 애니메이션 스토리텔링에서 주목받는 캐릭터는 주인공이 아니라 보조 캐릭터이다. '착한 주인공' 주변에서 주인공의 성공을 돕는, 혹은 주인공과 같이 고난을 이겨나가는 캐릭터 말이다. 우리 소설의 예를 들자면, 춘향이의 향단이와 이몽룡의 방자 같은 캐릭터이다. 일명 이 '하인형' 캐릭터는 애니메이션을 주로 보는 아이들에게는 묘한 욕망의 일치를 불러일으킨다.

성인 관객은 캐릭터와 어느 정도의 거리를 두고 콘텐츠를 바라본다. 특히, 캐릭터의 심리에 집중하는 경우가 많다. 그러나 아이들의 경우는 캐릭터가 하는 행동을 보면서 자기와 동일한 요소를 찾고자 하는 경우가 많다. 이는 스토리가 아이들의 심리를 치유하는 효과를 가지고 있기 때문에 그러하다. 아이들은 스토리를 보면서 자신이 가지고 있는 성격의 일부, 예를 들어 실수를 연발하는 자기 모습의 일부를 보고 싶어 한다. 그리고 그러한 행동을 가진 캐릭터가 어떻게든 잘 되어나가기를 바라는 심리를 갖는다. 아이들은 어른들이 요구하는 기준에 맞는 행동을 하기엔 부족한 점이 많기 때문에, 심리적으로

원화와는 다르게 난장이의 성격이 풍부해진 디즈니의 애니메이션 「백설공주」.

늘 자신을 자책하거나 반성한다. '하지 말라', '잘못되었다'라는 말을 많이 듣는 시기이기 때문에 아이들은 늘 자신이 실수만을 하고 있다고 느끼는 것이다. 그렇기에 아이들은 실수를 저지르는 캐릭터를 보면서 위안을 삼고, 자신만 문제를 가진 것은 아니라는 생각을 하게 되는 것이다.

따라서 아동용 애니메이션에서 중요한 것은 실수투성이, 즉 이것저것 부족한 점이 많은 캐릭터를 곳곳에 배치하는 것이다. 「백설공주」에서 중심이 된 것은 바로 이렇게 부족한 점이 많은 것처럼 보이는 일곱 난장이이다. 이 일곱 난장이는 각기 특성을 가지고 있다. 일곱 난장이의 이름을 살펴보자.

Sneezy(재채기), Sleepy(졸림), Grumpy(심술), Happy(즐거운), Bashful(부끄럼), Doc(박사), Dopey(멍청이)로 요약되는 이들 일

곱 난장이는 '해피'를 제외하고는 부정적인 요소뿐이다. 늘 잠만 자고, 재채기하고, 심술부리고, 부끄러워하는 등 사회성이 부족한 캐릭터라는 점이 단박에 드러난다. 그러나 이런 요소들은 아이들이 가지는, 아니 인간이라면 본능적으로 가지는 요소들이다. 이런 감정들을 잘 조절하게 되었을 때, 비로소 어른이 되는 것이다. 결국 일곱 난장이란 백설공주를 보조해 주는 캐릭터이면서, 아이들로 하여금 자신들이 가진 약간은 부끄러운, 그러나 어쩔 수 없는 그런 성격을 형상화한 것이라고 볼 수 있다. 결국 「백설공주」 스토리상에서 일곱 난장이는 공주를 도와주는 캐릭터이면서, 심리적으로 보면 공주가 왕자를 만나기 위해 극복해야 할 각종 요소들의 총합체인 것이다.

이처럼 디즈니가 그림동화 「백설공주」에서 변화를 꾀한 핵심 요소는 개성 없는 일곱 난장이를 특색화하여 각각을 독특한 캐릭터로 만든 점이다. 이 점은 우리가 애니메이션 캐릭터를 어떻게 만들어야 하는가를 궁리할 때 신중하게 고려해야 하는 요소이다. 원작 「백설공주」에서 난장이는 개별적인 성격을 가진 존재가 아니었다. 그저 일곱 난장이에 불과했다. 그러나 디즈니가 이들을 개별적으로 호명하여 특색을 살리기 시작했다. 졸린 눈의 '슬리피(Sleepy)', 심술궂은 표정과 위로 향한 코로 그 성격을 알 수 있는 '심술이(Grumpy)', 그리고 빨간 볼의 '부끄럼이(Bashful)', 알 수 없는 어리버리한 표정의 '멍청이(Dopey)' 등은 각각의 성격을 가장 특색 있는 행동과 이미지로 캐릭터화한 것이다.

이렇게 애니메이션 캐릭터의 성공 여부는 주인공이 아닌 보조자 캐릭터에 있다. 그리고 디즈니 애니메이션의 경우, 이 보조자 캐릭터의 성공이 애니메이션의 성패를 좌지우지할 정도가 되었다. 보조자 캐릭터에서 얼마나 많은 특징과 성격들이 유형화, 이미지화, 캐릭터화되는가가 중요한 것이다.

의도가 좋다고 다 좋은 것은 아니다. 팅커벨은 누구 편?

「백설공주」의 성공 요인은 위에서 말했듯 일곱 난장이가 각각 개별적으로 개성 있는 존재가 되었기 때문이다. 그러나 디즈니 애니메이션에서 처음부터 이런 보조 캐릭터의 역할과 디자인에 치중했던 것은 아니다. 「백설공주」에서 일곱 난장이 캐릭터는 동화에 비해 개성적이 되었음에도 불구하고 각각의 특징적인 역할을 하는 것은 아니다. 그저 각각의 이름을 가진 일곱 난장이라는 무리만이 존재한다. 그렇다면 이 보조 캐릭터는 어떻게 변모해왔는가.

우선 일곱 난장이 같은 보조 캐릭터는 두 가지 정도로 분화하기 시작한다. 바로 '보조자'와 '방해자'이다. 주인공에게 도움이 되는 캐릭터와 그렇지 않은 캐릭터 말이다. 주인공의 행로에 고난을 주는 '방해자'는 「백설공주」에서는 계모이다. '보조자'는 물론 일곱 난장이이다. 스토리상에서 크게 두 가지로 분화되는 이 신화 단계의 이야기는 다음 단계에서 보조 캐릭터의 분화로 변모해 간다.

「피터팬」의 팅커벨을 보자. 스토리상 팅커벨은 매우 재미있는 캐릭터이다. 주인공을 도와주기도 하고, 주인공을 곤경에 빠뜨리기도 하기 때문이다. 팅커벨은 피터팬을 좋아하는 감정 때문에 피터팬을 도와주는 역할을 하지만, 웬디에 대한 질투 때문에 결정적인 장면에서 후크 선장에게 도움이 되는 행동을 한다. 이렇게 양면성을 가진 캐릭터가 등장하는 것은 매우 특징적이다.

사실 인간이 평생 착한 일만 하거나, 악한 일만 한다는 것은 매우 어렵다. 인간은 착하기도 하고 악하기도 하며, 누군가에게 도움이 되기도 하고 방해가 되기도 한다. 그러나 보다 손쉬운 스토리 전개를 위해, 캐릭터를 선하거나 악하거나 혹은 도움이 되거나 방해가 되거나 하는, 한 가지 성격으로 고정하는 경우가 많은 것이다. 즉, 스토리텔링 과정에서 '역할'과 '임무'를 기준으로, 캐릭터를 '보조자'와 '방해자' 중 하나로 고정시켜 온 것이다. 주인공을 돕는 역할을 하면 '보조자' 그리고 방해하면 '방해자'로 말이다.

그런데 팅커벨은 매우 재미있는 보조자이다. 주인공을 돕기는 돕는데, 돕고자 하는 선한 의도와는 달리 오히려 주인공을 방해한다. 그래서 이야기가 전개되면서 팅커벨은 보조자와 방해자라는 두 가지 역할을 전부 수행한다. '선한 의도'만을 가지고 '선한 인물'이 되지 않는다는 역할과 의도의 분리는 다양한 보조자를 만드는 시초가 된다. 반면 후크 선장의 측근 해적들은 오히려 피터팬에게 도움이 되기도 한다. 후크 선장이라는 악당을 돕고자 하지만, 머리가 나쁜 탓에 오히려 피터팬을 도와주는 결과를 낳는 것이다. 이들은 '악한 의도'를 가지고 있지만 '선한 행동'을 하게 되는 것이다.

이처럼 경우에 따라서는 단순히 주인공을 돕는 캐릭터와 방해하는 캐릭터로 구분되는 것이 아니라, 돕고자 하지만 도움이 안 되는 캐릭터, 방해하고자 하지만 오히려 도움이 되는 캐릭터로 분리되기도 한다. 결국 '보조자'는 실제 도움이 되는 능력 있는 '보조자'와 말썽만 부리는 무능한 '보조자'로, '방해자'는 실제로 방해가 되는 '방해자'와 말썽꾸러기 '방해자'의 두 유형으로 분리된다고 할 수 있다.

디즈니 애니메이션의 매력 캐릭터: 순진한 보조자 vs 사고뭉치 보조자

대표적으로 「알라딘」의 보조 캐릭터인 마법의 양탄자, 지니, 아부, 이아고 등을 살펴보자. 「알라딘」에 나오는 대표적인 보조 캐릭터는 램프의 요정 지니이다. 램프의 요정 지니는, 모든 일을 해결할 수 있는 능력을 가진 '보조자'이다. 이런 지니의 역할은 부가적인 설명이 필요 없는, 전통적인 보조자의 그것이다. 그렇기 때문에 지니의 위기는 곧 알라딘의 위기이다. 스토리 전개 과정에서 관객이 예상 가능한 대로 행동하는 캐릭터가 바로 이 지니 같은 유형의 보조자이다.

마법의 양탄자도 지니처럼 알라딘에게 무조건적으로 도움이 되는 캐릭터이다. 그러나 지니와는 달리 무한한 능력을 가지고 있지는 않으며, 순진하고 소심한 성격 때문에 문제 해결에 적극적으로 도움을 주지는 못한다. 부차적인 도움은 되지만 직접적인 도움은 되지 않는다는 점. 이것이 마법의 양탄자와 같은 캐릭터의 특징이다. 디즈니 애니메이션 「미녀와 야수」의 꼬마 잔 칩 역시 이런 캐릭터에 속한다. 아주 순진하고 겁 많은 꼬마인 칩은 때로 미녀와 야수의 감정을 이어주는 매개체가 되기도 하는, 둘의 사랑이 이루어지기를 바라는 선한 의도를 가진 '보조자'이다. 그러나 적극적으로 이 둘을 맺어주기 위해 행동하거나 하지는 않는다. 「라이온 킹」의 티몬, 「뮬란」의 귀뚜라미 역시 마찬가지이다. 주인공의 편이고 주인공을 돕고자 하지만, 스토리 내에서 수동적인 역할을 하는 데 그치는 캐릭터이다.

이들은 이야기 속에서 그저 순진함을 뿜어내 관객으로 하여금 '귀엽다'는 느낌을 자아내는 역할을 한다. 이들의 이미지 역시 순진하고 밝은 표정으로만 일관하여 착하고 순진한 캐릭터의 전형이 된다. 「토이스토리」의 슬링키를 보자. 스프링으로 된 긴 허리는 이 캐릭터의 성격을 단적으로 보여주는 이미지이다. 느릿느릿하고 여유로운 모습을 상징하는 길고 흐늘흐늘한 허리는 슬링키가 시대의 흐름을 따라가지 못하는 순진함을 가지고 있으며, 세상이 빨리빨리 가더라도 여유를 가지고 살아가는 낙천적인 태도를 가졌을 것을 짐작케 한다.

또한 누군가의 도움을 받지 않으면 안 되는 것처럼 보이는 것도 이런 캐릭터의 특징이다. 「미녀와 야수」의 칩은 건드리면 깨질 것만 같은 조그만 외모를 가졌다. 이가 나간 컵의 표면을 형상화한 것은 칩의 순수함이 쉽게 세상 속에서 상처받기 쉽다는 안타까움의 형상화이다. 빨간 볼은 수줍음을 상징한다. 「인어공주」의 스커틀은 낙관성을 상징하는 노란 색깔로 이루어져 있다. 목소리부터 귀엽고 순진한 스커틀은 사건이 터지면 주로 뒤에 숨는 것으로 표현된다. 이처럼 '순진한' 캐릭터는 '보조자'로서보다는 오히려 보호를 받아야 할 캐릭터로 존재한다.

반면 주인공을 돕고자 하는 '선한 의도'를 가진 캐릭터 중 도움이 되기는커녕 문제만 일으키는 캐릭터가 존재한다. 일명 '사고뭉치 보조자'이다. 「알라딘」의 경우 아부가 그런 역할을 한다. 알라딘과 아부는 마치 이몽룡과 방자 같다. 알라딘 주변에서 알라딘의 하인과 같은 역할을 하는 것이다. 그러나 방자가 이몽룡의 모든 일을 도와주는 하인이라면, 아부는 알라딘에게 도움이 되기보다는 오히려 사고를 치고 말썽을 부리는 역할을 한다. 가만히 있는 것이 오히려 도움이 되는 캐릭터이다. 아부는 원숭이가 가진 장난기 어린 이미지에, 빠릿빠릿한 몸동작으로 주인공을 정신없게 한다. 때로 자신의 욕심에 눈이 멀어 주인공을 곤경에 빠트리지만, 이런 아부의 행동은 귀엽기만 하다. 장난기 어린 눈빛과 몸짓도 호감을 불러일으킨다. 이 모든 것이, 아무리 큰 사고를 쳐도 아부를 매력적인 캐릭터로 만든다. 실제로는 사고만 저지르는 캐릭터가 오히려 스토리에서는 재미를 자아내는 것이다. 우리 편인지 적인지 모르겠는 이런 캐릭터가 실제로는 인기를 끈다.

이는 두 가지 측면에서 재미를 유발한다. '순진한 보조자'가 귀여운 이미지의 전형을 보여준다면, 사고뭉치 보조자는 어떻게 변화할지 모르는 개성적인 캐릭터의 전형이다. 한가지로 고정될 수 없는, 다음에 어떤 행동을 할지 쉽게 상상이 되지 않는 성격이 관객의 호기심을 불러일으킨다. 이러한 예측 불가능성이 이 캐릭터의 특징이다.

다른 한편, 사고뭉치 보조자는 아이들 혹은 애니메이션을 보는 성인 관객으로 하여금 자기 동일시를 통한 만족감을 선사한다. '의도는 좋았으나 결과는 만족스럽지 못한 것'이 인생이라는 안타까운 통찰을 밝게 풀어낸 것이 바로 사고뭉치 보조자이다. 아이들은 무엇인가 잘못해서 혼날 때 가장 받아들이기 힘든 부분이 바로 이러한 부분이다. 뭔가 잘하려고 한 행동이 전혀 예상외의 결과를 낳아 꾸지람을 듣게 될 때, 아이들은 심리적으로 불안함을 느끼고, 어떤 식으로 사고해야 할지 낯설어 한다고 한다. 결국 사고뭉치 보조자는 잘해보고 싶으나 뜻대로 되지 않는 아이들, 그리고 더 나아가서는 인생이 마음먹은 대로 되지 않아 힘든 어른들에게까지 위안과 위로를 준다고 할 수 있다.

디즈니 애니메이션에서 주목받는 것은 바로 이런 사고뭉치 보조자이다. 이들 사고뭉치 보조자가 사랑받느냐 그렇지 않느냐에 따라 애니메이션의 성패가 결정될 정도로, 사고뭉치 보조자는 재미를 결정하는 중요한 요소이다. 「인어공주」의 세바스찬은 스커틀과는 달리 주인을 돕겠다고 하는 행동마다 오히려 문제를 만든다. 공주의 아버지에게 고자질을 해 공주를 곤란하게 만드는 등, 세바스찬이 움직였다 하면 문제투성이다. 그러나 그의 이런 행동은 관객에게 그리 밉게 보이지만은 않는다. 그가 하는 사고가 순간적으로는 사건을 만들고 주변을 소란스럽게 하지만, 그가 궁극적으로는 공주를 위한다는 것을 우리가 알기 때문이다.

이렇게 주인공을 위한 선한 마음을 가지고 있으나 엉뚱한 행동 등으로 인해, 주인공 입장에서는 사건의 '반대자' 입장이 되는 것이 바로 사고뭉치형 인물들이다. 이와 정반대 유형도 존재한다. 일을 망치는 것은 주인공 편에만 있는 것이 아니라는 뜻이다. 바로 '악당', 일명 '반대자' 편의 캐릭터인데, 실제로는 주인공이 사건을 해결해 가는 데 도움이 되는 그런 캐릭터이다. 의도는 악하지만 행동이 어리버리해서, 결과적으로는 주인공에 보탬이 되는 캐릭터가 이런 캐릭터이다. 일명 '사고뭉치 방해자'이다. 「알라딘」의 이아고가 사고뭉치 방해자의 대표적인 예이다. 이 똑똑한 척하지만 실제로는 멍청한 이아고는 자신이 맡은 역할을 잘 해내고 있다. 악당을 돕지만 워낙 실수가 많고 덤벙거려서 궁극적으로는 알라딘을 도와주는 일들을 하게 되는 것이다.

이처럼 주인공과 악당의 주변에는 늘 보조자가 있다. 디즈니 애니메이션을 기준으로 본다면, 순진하고 소심한 보조자, 능력 있는 보조자, 사고뭉치 보조자 등으로 보조자의 유형을 나눌 수 있다. 특히 재미를 끄는 사고뭉치 보조자는 의도상으로는 보조자이지만 행동상으로는 반대자인 역할을 하게 된다. 반면에 사고뭉치 방해자는 의도상으로는 반대자이지만, 행동상으로는 보조자가 된다. 인기를 끄는 것은 결국 사고뭉치들이다. 원래의 애니메이션에서 인기를 끈 보조 캐릭터는 바로 주인공이 되기도 한다. 「라이온킹」의 티몬과 품바, 「릴로와 스티치」의 스티치 등은 후에 TV 시리즈, 즉 개별 애니메이션의 주인공이 되는 영광을 누리기도 한다.

유형에 따른 캐릭터 분류

작품	순진·소심한 보조자	능력 있는 보조자	사고뭉치 보조자	사고뭉치 방해자
「미녀와 야수」	칩	미세스 팟	콕스워즈	
「토이스토리」	슬링키	버즈	미스터 포테이토	리어메이
「알라딘」	마법의 양탄자	지니	아부	이아고
「인어공주」	스커틀	플라운더	세바스찬	플롯샘, 젯샘
「라이온킹」	티몬		품바	자주
「뮬란」	귀뚜라미		용	독수리

'소심함'과 '무모함'의 은유

애니메이션 캐릭터는 한걸음 더 나아가, 이제 성격적 요소를 은유의 방식을 통해 캐릭터에 압축하기 시작한다. 「니모를 찾아서」를 살펴보자. 「니모를 찾아서」의 두 주인공, 니모와 그의 아버지는 세상을 헤쳐 나가는 두 성격을 상징한다. 니모의 아버지는 알을 낳자마자 니모를 제외한 모든 아이를 잃은 경험 탓에 모험을 하지 않으려고 한다. 여기저기 모험하고자 하는 니모가 못마땅한 것도 그 때문이다. 이렇게 그는 '소심함'으로 상징된다. 반면 니모는 뭐든지 일단 저지르고 보는 성격이다. 그는 어떻게든 모험을 해야겠다고 생각하고, 그 과정에서 사람에게 잡혀가는 수모를 겪게 된다. 이렇게 두 캐릭터의 대표적인 성격은 스토리 전개상 서사화된다. 소심한 아버지는 어떻게든 아들을 찾아 모험할 수밖에 없는 상황이고, 무모한 아들은 어항에 갇혀 그 무모함을 조절해야만 하는 상황에 처하게 된다.

더 재미있는 것은 이렇게 '소심함'과 '무모함'이라는 단어를 은유 구조로 상징하여 캐릭터화했다는 것이다. 니모 아버지의 주변 캐릭터 중 3초의 기억력만 가지고 있는 물고기를 보면 소심한 사람이 어떻게 살아가야 하는지를 알 수 있다. 세상을 잊어야만 용기를 얻을 수 있다는 것이다. 반면 아들인 니모 주변에는 젊은 날 모험을 하다가 얼굴 및 몸에 상처를 남긴 물고기가 있어 니모에게 침착함과 성숙성을 선사한다. 사건을 통해서 얻은 영광의 상처들은 니모가 상황을 좀 더 넓고 깊게 볼 수 있는 눈을 가지도록 한다. 니모는 처음에는 그를 무서워하다가 나중에야 비로소 자신에게 맞는 형태로 그를 받아들이게 된다.

디즈니는 캐릭터의 정신적 가치를 이미지화하는 데까지 이른 것이다. 이전에는 소심함을 깨기 위해서 세상을 적극적으로 바라보고 모험하는 것이 전부였다면, 이제는 '망각'이라는 가치까지도 캐릭터화한 것이다. 이렇게 인물을 한마디의 형용사로 요약하는 일은 매력적인 캐릭터를 만드는 데 매우 중요하다. 결국 은유화된 캐릭터가 흥미도 불러일으킨다.

'행동의 캐릭터화' vs '성격의 캐릭터화'

애니메이션의 매력 캐릭터 어떻게 만들 것인가? 이 문제에 있어서는 성격을 이미지화하는 것이 관건이다. 즉, '형용사'로 정리되는 특성들을 인물의 심층적 의미로, 그리고 이 의미를 은유를 통해서 드러내는 것이 중요하다. 캐릭터를 구성하는 것에는 여러 가지 요소가 있다. 그런데 무엇보다 중요한 것은 어떤 무의식적 층위를 이미지라는 표층으로 끌어낼까 하는 점이다. 결국 성격이라는 인간 심리의 핵심 요소와 스토리에서의 역할이라는 행동을 캐릭터화하면, 매력 캐릭터를 만드는 일은 그리 어렵지 않다.

『춘향전』에 등장하는 방자는 매력 캐릭터의 전형이다. 약방의 감초처럼 모든 곳에 그 캐릭터가 존재하는 것을 보면, 이런 보조자에는 뭔가 특별한 매력이 있는 것이 틀림없다. 디즈니 애니메이션에서 볼 수 있듯 '방자형 캐릭터'는 스토리 전개상으로는 두 가지로 분화되었다. 주인공에게 도움이 되는 경우와 방해가 되는 경우이다. 결국 사건을 예측불허로 만드는 것도 그것 때문이다.

특히 애니메이션에서는 주인공보다 주인공을 보조하는 캐릭터를 개성적으로 만드는 것이 성패를 결정할 정도로 중요하다. 위에서 살펴본 대로 디즈니의 경우는 말할 것도 없고, 지브리 스튜디오의 경우도 주인공보다 보조 캐릭터인 토토로와 고양이 버스 등이 캐릭터로서 더 성공하고 있는 것이 현실이다.

결국은 캐릭터를 결정짓는 것은 그의 성격과 행동 유형이다. 성격을 결정짓는 것이 캐릭터의 욕망과 관련되어 있다면, 행동은 작품 속 캐릭터의 역할과 연관되어 있다. 성격을 은유의 방식을 통해 캐릭터로 만들고 이를 또 어떻게 행동으로 만드는가 하는 문제는, 그런 점에서 캐릭터를 만들 때 주의해야하는 사항이다.

변형을 위한 영웅 스토리텔링

영웅 만들기(making hero): 그는 시대의 영웅

왜 영웅 스토리텔링인가? 디지털 콘텐츠에서 영웅 스토리만큼 다양하게 활용되어온 스토리가 없기 때문이다. 애니메이션의 경우도 마찬가지이다. 특히 애니메이션 하나에 그치지 않고 다른 장르로 다양하게 변형 가능한 스토리 라인을 만들고자 한다면, 기본적으로 영웅 스토리에 대한 이해가 필요하다고 본다. 영웅 스토리는 관객들이 몰입하기 쉬운 캐릭터가 성장하는 이야기이므로, 많은 사람들을 흡입하는 힘이 있다.

인류의 이야기들을 통틀어, 영웅 이야기만큼 오래되었으면서도 재미있는 것이 있을까? 흔히 '영웅 서사'라고 통칭되는 영웅들의 이야기는 최초의 서사라고도 할 수 있는 호머의 『일리아드』『오딧세이』부터 반복·재생산되는 스토리라고 할 수 있다.『플루타르크 영웅전』『갈리아 영웅전기』등 인류의 고전에는 언제나 영웅이 있다고 해도 과언이 아니다. '영웅의 이야기'란 언제나 우리의 마음을 사로잡는 그것이다. 이 영웅들의 이야기는 다양한 변이들을 가지고 있다.

```
┌─────────────────────────────────────────────────┐
│           영웅 성공 스토리텔링의 원형 도식              │
│                                                   │
│                              조력자                │
│                               ↓                   │
│     탄생 → 기존 집단으로부터의 일탈 → 고난 → 성공        │
│                               ↑                   │
│                            반대자(악당)             │
│                                                   │
└─────────────────────────────────────────────────┘
```

영웅이 되는 과정을 구조화하면 단순한 도식이 나온다. 그렇다면 영웅을 다룬 모든 스토리의 원형은 변하지 않는데 왜 재미있는 이야기와 그렇지 않은 이야기가 있는 것일까? 왜 어떤 이야기는 사람들의 관심을 끌고 어떤 이야기는 전혀 그렇지 못한 것일까? 이는 스토리텔링이 단순히 구조만 가지고는 성공할 수 없다는 것을 보여주는 징표이다.

우선은 '어떤 사람이 영웅인가?' 그리고 '어떤 존재가 영웅인가?'라는 두 가지 질문에 대해 생각해보자. 블록버스터 영화들의 경우, '누가 훌륭한 사람(영웅)인가'라는 캐릭터 설정에서 흥행 요소의 반 이상이 결정된다. 이 '누가'라는 부분에서 사람들이 얼마나 공감하고, 흥미를 느끼는가가 흥행성공의 열쇠가 된다는 말이다. 한국 영화 관객 1,000만 시대를 열었다는 두 대작, 「실미도」와 「태극기 휘날리며」의 경우, '누가'는 아주 명확하다. 이들 스토리는 '역사가 기억해주지 않는 평범한 사람이 바로 영웅'이라는 비교적 단순한 논리와 명제에서 시작한다. 이는 할리우드의 「다이하드」 「아마겟돈」 「딥 임펙트」류의 영화의 성공 전략을 활용한 것이라고 할 수 있다. 겉으로 보기에는 아주 평범한 사람이 영웅이라는 이 논리는, 결국 신의 혈통이기 때문에 영웅이 된다는 영웅 신화의 원형으로부터 일차적 변형을 한 것이라고 할 수 있다.

그러나 '평범한 사람'만으로는 차별성을 가지기 어렵기 때문에, 이 '평범성'은 여러 가지 전략으로 활용된다. 예를 들어 「에어포스 원」 「인디펜던스 데이」 같은 영화는 전혀 평범하지 않은 대통령도 '평범하다'는 논리로 출발한다. 즉, 비범해 보이는 존재도 사실은 가족을 사랑하는 평범한 사람이더라는 키워드가 이들 영화의 차별점이었다. 이는 '평범성'이라는 키워드를 역으로 이용한 전략이라고 할 수 있다.

이 영화들에서 눈여겨보아야 하는 점은, 영웅 스토리의 핵심인 '영웅성'에 대비되는 평범함을 어떻게 부각시키고 스토리에 배치하느냐 하는 것이다. 할리우드식 영웅 스토리의 근원에는 '가족애'와 '책임감'이라는 가치가 자리 잡고 있다. 즉, 평범한 사람도 가족을 사랑하는 마음, 그리고 자신의 위치에서 최선을 다해야 한다는 책임감을 가지면 영웅이 될 수 있다는 것이 할리우드식 영웅 스토리의 기본 근간이다. 따라서 보통 사람이 어떻게 해야 영웅이 되는가 하는 점을 스토리에 적절히 배치하는 것이 필요하다. 「아마겟돈」의 경우, 죽음을 무릅쓰면서까지 딸이 사랑하는 남자를 귀환시키고 자신은 지구를 지키는 책임을 다하는 모습이 영화의 감동 포인트가 되는 것이다. 대통령조차도 자신의 책임을 다하고, 딸을 지키기 위해 총을 뽑아 드는 「에어포스 원」 역시 이 두 가지 가치를 부각시키는 것이라고 할 수 있다. 결국 이 영화들의 감동 원리는 미국이라는 시대가 강조하는 가족과 책임의 두 가치를 어떤 상황에 배치했는가라는 점인 것이다.

이 두 가치는 시대와 국가마다 다르게 변형될 수 있다. 전통적으로 가족보다는 사회적 책임이 더 중요한 가치가 되는 동양사회의 경우 가족의 희생을 무릅쓴 책임이라는 부분이 감동의 가치를 더해준다. 일본 영화 「철도원」이 대표적인 경우인데, 평범한 철도원이 가족의 죽음도 감수해가면서 역을 지키는 모습이 이 이야기의 핵심인 것이다. 「태극기 휘날리며」와 「실미도」는 이 두 가지 가치의 변형태이다.

「태극기 휘날리며」의 핵심 가치 역시 가족이다. 국가나 이념이 아닌 동생을 위한 희생이라는 점이 감동의 포인트이다. 이는 평범한 그를 영웅으로 만든 것이 '국가에 대한 충성이 아닌 가족'이라는, 한국사회에서는 다분히 문제적일 수 있는 영웅관을 던진 것이다. 즉, 한국에서 영웅은 '조국과 민족의 무궁한 영광을 위해'서만 존재해야 한다는 신념을 깨어버리려는 시대성을 잡은 것이 이 영화의 성공 포인트인 것이다. 「실미도」는 역으로 책임이라는 부분에서 시대의 흐름을 잘 파악한 것이라고 할 수 있다. 주어진 직분에 최선을 다하는 것이 영웅이라는 이제까지 전통적인 사고관을 뒤집은 것, 즉 '최선을 다해도 버림받는 것이 요즘의 시대'라는 시대정신을 반영한 것이다.

즉, 이슈를 불러일으킬 만한 가치관을 반영하는 것만으로도 영화의 성패는 결정될 수 있는 것이다. '영웅 만들기'의 제1원리는 바로 '누가 영웅이 되어야 하는가'를 결정하는 것이다. 이 질문을 바꾸어 말하면, '어떤 가치를 가진 사람이 이 시대의 영웅인가'가 될 수 있다. 평범성을 '가족'과 '국가에 대한 책임'이라는 두 가지 가치로 전환시킨 미국의 영웅 스토리, 그리고 이를 '직업적 책임'으로 전환시킨 일본적 영웅 스토리, 마지막으로 '가족'과 '책임'이라는 두 가치를 밟아버리는 '국가 권력에 대한 비판'을 말한 2002년 한국식 영웅 스토리. 이 변화는 영웅 스토리의 성공 원리를 보여주는 지표이다.

영웅 스토리의 변형의 원리

① 신성성(神聖性) 요소의 변화; "누가 훌륭한 사람인가?"
   예) 평범한 사람

↓

② 시대성(時代性)과의 결합; "무엇이 이 시대에 존중받을 가치인가?" 예) 가족을 사랑하는 사람

↓

③ 국가적 특수성(特殊性)과의 결합; "무엇이 우리 사회에서 이 가치를 방해하는가?" 예) 국가

또 하나의 흥미 요소는 이 가치를 실현시키는 공간 설정이다. 즉, 배경 요소의 변화만으로도 이와 같은 가치와 주제는 흥미를 불러일으킨다. 화산 폭발이라는 배경 설정으로 흥미를 불러일으킨 「단테스 피크」「볼케이노」, 소행성과의 충돌이라는 설정의 「딥 임펙트」「아마겟돈」, 화재 참사 「분노의 역류」「타워링」「리베라메」「싸이렌」, 토네이도라는 설정의 「트위스터」, 외계인의 침공이라는 「인디펜더스 데이」「제5 원소」「화성침공」 등은 같은 주제의 변형이라고 할 수 있다. 결국 어떤 '영웅성'을 설정하는가가 '영웅 성공 스토리텔링'의 제1원리라고 할 수 있다.

'누가 영웅이 되는가'를 결정하고 나면, 다음에 문제가 되는 것은 '어떻게 그를 영웅으로 만드는가'이다. 이는 '영웅이 되는 과정'을 어떻게 묘사할 것인가의 문제로, 영웅 성공 스토리의 원형 중 '고난'을 어떻게 구성할 것인가가 핵심 사안이다. 고난이 구체적으로 어떻게 다른가에 따라 각각 다른 작품들이 탄생하는 것이다.

'명예(honor)'의 획득 과정이 되게 하라

장르의 문제를 떠나, '어떻게 영웅이 되는가'의 문제로 돌아오면, 결국 이 '어떻게'는 가치를 획득하는 과정의 문제라는 것이다. '어떻게'라는 것을 보여주는 대표적인 스토리텔링의 구조가 '대결 관계(rival)'이다. '고난'을 겪는 것에서 흥미를 유발하는 요소는 물론 앞서 서술한 영웅을 어디에 떨어뜨려 놓는가, 즉 어떤 상황에 주인공이 있는가와 밀접한 연관을 가진다. 그러나 이 배경에서 흥미를 더해주는 것은 고난의 극복만이 아니다. 고난의 생성과 이를 극복해 가는 과정도 못지않게 흥미를 유발한다. 결국 '영웅 되기' 혹은 '영웅 만들기' 스토리는 다른 한 측면에선 '성공 스토리'로 변형된다고 할 수 있다.

그런데 왜 '영웅 되기'의 과정이 '성공하기'와 유사한 서사 구조를 가질까? 그것은 우리가 생각하는 성공은 한정된 가치를 획득하는 데에서 이루어지기 때문이다. 쉽게 이야기하면, 영웅이란 남과 다른 인물이 된다는 것을 뜻하고, 남이 가지지 못한 무엇을 획득했을 때 영웅이 된다. 결국 남이 가지지 못한, 한정된 무엇을 가졌다는 점에서 영웅 되기는 성공 스토리와 유사한 구조를 가지는 것이다. 무엇을 획득하는가에 따라 스토리의 종류가 달라지지만, 결국 핵심은 '명예(honor) 획득'이라는 인간의 본질적 욕망의 획득 유무이다. 그렇기 때문에 영웅 스토리의 핵심은 명예 획득을 둘러싼 대결 관계에 있다.

게임에서의 영웅 스토리텔링

이러한 영웅 스토리텔링은 특히 게임에서 지배적으로 사용된다. 게임 플레이어는 이상한 나라의 앨리스처럼 미지의 공간을 모험하면서 목적지를 찾아가고, 미지의 보물을 얻고자 한다. 게임은 늘 유저에게 환상의 공간을 펼쳐놓고, 그 공간

속을 탐험하도록 만든다. 게이머가 게임을 통해서 얻는 1차 경험이란, '허구적 공간'과 그 공간에서의 탐험이라는 경험이다. 즉, 공간 속에 들어서는 것, 그것이 허구성의 1차 경험이다. 이런 점에서 게임이 사람들에게 주는 것은 '영웅 스토리'의 경험이다.

게임의 경우, 영웅 스토리 중 고난 과정 자체를 활용하는 것이 중요하다. 허구적 공간에서 고난 과정을 구체화하는 것이 유저가 느끼는 즐거움의 포인트이다. 플레이(play) 과정을 통해 얻어지는 아이템과 기술 습득을 통해 적을 이기는 것, 레벨을 높이는 것, 더 어려운 단계로 도전하는 것 등이 모두 영웅 성공 스토리에서는 '고난'이라는 하나의 키워드로 요약될 수 있다. 결국 모든 게임은 '영웅 되기' 과정이라고도 할 수 있다. 게임은 '고난'과 '성취'라는 두 가지를 물질적이고 외부적인 요인으로 성취하게 만드는 것이 핵심이다. 이 경우 '외부적'이라는 것은 결국 어떤 화려한 기술을 습득하는가라는 점으로 요약된다.

그러나 다른 한편, 화려한 기술은 단순히 기술만을 의미하지는 않는다. 무(武)에도 도(道)가 있듯이, 기술에도 정신과 특징이 있다. 예를 들어 전통적으로 검(劍)은 유(柔), 즉 부드러움과 인(仁)의 가치를 상징하고, 도(刀)는 힘(力)과 직(直)이라는 '정직성'의 가치를 상징한다. 즉, 각종 무기를 사용하는 데에도 인물들의 성격과 가치관이 반영된다. 결국 어떤 아이템과 기술을 좋아하는가에도 사람들의 욕망이 반영되는 것이다.

새로운 아이템 개발은 새로운 가치를 어떻게 재현하는가의 문제이고, 가치의 재현을 시각화하는 것이 게임 스토리텔링의 문제라고 할 수 있다.

물론 주지하다시피, 게임 종류가 다양한 만큼, '게임 스토리텔링은 OO이다'라고 단정할 수는 없다. 게임 스토리텔링도 마찬가지로 다양한 스토리텔링이 필요하다. 그러나 대부분의 문화가 그렇듯이, 다수의 호응과 인기를 얻기 위한 '상업성'이 필요할 때는 관객, 유저, 독자, 혹은 소비자의 동일시 유도가 무엇보다도 필요하다. 장르가 무엇이든, 스토리를 보고 듣고 이용하고 이를 위해 돈을 지불하는 사람들에겐 스토리 캐릭터에 자신을 동일시하여 현실을 잊고 잠시나마 이야기 속의 환상에 자신을 일치시키고 싶어 하는 심리가 있다. '영웅 서사'를 읽는 것으로 동일시(identification)의 경험을 가졌던 사람들은, 이제 '영웅의 세계'에 뛰어드는 행위만으로 자신을 영웅과 동일시한다.

게임의 경우도 마찬가지이다. 게임 스토리텔링을 통해 유저의 '경쟁 심리'를 유발하여, 적과의 싸움에서의 승리를 통해 '영웅 심리'를 맛보게 하는 것이다. 따라서 게임 스토리텔링이 추구해야 하는 바는, 유저가 추구하는 영웅 동일시 체험 효과의 극대화라고 할 수 있다.

유저가 악인으로 보이는 인물을 택해 플레이를 하든 영웅을 택해 플레이를 하든, 게이머가 추구하는 것은 '승리'이다. 이것은 게임이 영웅을 활용한 다른 스토리텔링 장르와 구별되는 가장 결정적인 지점이다. 즉, 일반적인 스토리텔링(상호작용성이 낮은 장르의 경우)의 경우 영웅 스토리텔링이 기본적으로 '도덕성'을 추구하는 것과는 달리, 게임의 경우 '도덕적 선악'이란 플레이어에게 중요한 것이 아니다. '절대적 선' 혹은 '최소한의 양심', 다른 말로 일반적 '사회의 규범'이란 게임에서는 큰 의미가 없다. 즉, 결과로서의 승리만이 영웅을 만드는 기초적 요소인 것이다. 물론 그 과정에서의 감흥이 유저에게 도덕적·미학적 가치를 얻게 해준다. 그러나 이는 게임 스토리텔링에서 플레이어들이 만드는 새로운 스토리텔링 영역일 것이다.

One Source Multi-Use를 위한 스토리텔링

'원소스 멀티유즈'라는 말은 요즘 거의 유행어와도 같이 사용된다. 누구나 요즘은 '원소스 멀티유즈'의 시대라고 말한다. 그러나 하나를 만들어서 여러 방면으로 활용해야 한다는 데에는 동의하지만 '어떻게 그럴 수 있는가'에 대해서는 막연하게 느끼는 경우가 많다.

한 가지 생각을 여러 군데 이용하는 것은 제반 시스템의 문제이기도 하지만, 그 한 가지 소스가 어떻게 만들어졌는가가 더 중요하다고 할 수 있다. 스토리가 다양하게 사용될 수 있는 구조를 가지고 있는가 혹은 스토리상의 캐릭터가 다양하게 활용될 만큼 특징적인가 하는 점이 문제이다. 즉, 단순히 그림이 좋아서, 귀여워서, 혹은 멋있기만 해서는 성공하기 어렵다.

우선 스토리의 구조만 중심으로 본다면, 매체의 특성에 따른 스토리의 차이가 다른 장르로의 전이를 가능하게 만드는 요소라고 볼 수 있다. 매체에 따라서 스토리텔링은 다음의 세 가지 특성으로 정리될 수 있다. ①영웅 서사 중심의 선악 대립이 분명한 스토리텔링 ②성장 서사가 중심인 인물 중심의 스토리텔링 ③모험 중심의 스토리텔링. 이 세 가지 패턴은 게임 분야에서도 장르를 가르는 기준이 된다.

①의 경우 「리니지」나 「스타크래프트」 같은 전략시뮬레이션 게임으로 응용 가능한 서사이다. 나와 적이 분명하고, 그 적과 싸워서 이기는 것이 그 목적이 될 수 있다. ②의 경우, 주로 중심 캐릭터 하나를 선택해 그 캐릭터를 성장시키는 게임인데, 「타잔」이나 「툼레이더」와 같이 아이템 획득을 통해 점점 성장해서 능력이 신장되는 형태의 게임과 「프린세스 메이커」처럼 캐릭터를 어떤 인물로 키울 것인가를 선택하는 게임으로 나뉜다. 「연애게임」 같은 것도 이 유형에 속하는 게임이다. 이런 유형의 게임은 서사 구성이 탄탄하면 탄탄할수록 흥미를 끌 수 있다. 특히 인물의 성장이 중심이기 때문에 인물의 캐릭터를 잘 살리면 캐릭터 산업과도 연계하기 쉽다는 특성을 가진 스토리텔링 형태이다. ③의 경우는 모험과 여행의 스토리텔링인데, 「디지몬」 「포켓몬」의 경우와 같이 보조자 획득과 아이템 획득이 중심을 이루고 있다. 일정한 서사가 반복되며, 그 반복을 통한 재미 추구가 이 스토리텔링의 특징이다. 이 경우 ②와 차이점은 ②의 경우도 게임화되면서는 반복

적인 요소가 많이 작용하지만, 한 인물의 개성과 성장에 초점이 맞추어져 있기 때문에 단순한 아이템 획득과는 다른 성장 스토리가 기반이 되어야 한다는 점이다.

또 하나, 애니메이션과 게임과 캐릭터 산업이 연계되기 위해서는 개성이 강하면서 스토리를 가진 캐릭터가 필요하다. 캐릭터는 다른 장르와는 달리 애니메이션에서 기반이 되어주어야 게임 등 다른 캐릭터 산업에 활용될 수 있으므로, 애니메이션 스토리텔링 시 매우 중요하게 고려해야 할 점이다. 캐릭터는 단순히 그림이 아니다. 이야기가 없는 캐릭터는 아무런 의미가 없다. '마시마로'의 성공은 그림의 성공이기에 앞서 상식에서 벗어나는 행동을 하는 독특한 개성을 가진, 엽기적인 행동을 서슴없이 해낼 수 있는 성격을 그려낸 애니메이션 스토리텔링의 성공이다. 캐릭터를 만드는 데 가장 중요한 것은 '욕망'이다. 소비자가 갈구하고 있는 욕망을 간취해 캐릭터에게 부여해주지 않으면 그 캐릭터는 성공하기 어렵다.

스토리텔러는 결국 인간의 욕망이라는 별을 쫓아 가는 외롭고 고독한 존재이다. 그가 욕망이라는 별을 손 안에 넣을 때 모든 인간을 사로잡는 세계의 창조가 가능하지 않을까?

참고문헌

고욱·이인화 외, 『디지털 스토리텔링』, 황금가지, 2003.

그레마스, 『의미에 관하여』, 김성도 역, 인간사랑, 1997.

김의진·이권용·배정호, 『디지털 애니메이션』, 범우사, 2002.

데이비드 코닉, 『애니메이션의 천재-디즈니의 비밀』(1997), 서민
　　수 역, 현대미디어, 2000.

레이코프, 『삶으로서의 은유』, 노양진 외 역, 서광사, 1995.

모렌 퍼니스, 『움직임의 미학』(1998), 한창완 외 역, 한울아카데
　　미, 2001.

앤드류 호튼, 『캐릭터 중심의 시나리오 쓰기』(1994), 주영상 역,
　　한나래, 2000.

요모타 이누히코, 『만화원론』, 김이랑 역, 시공사, 2000.

이상복, 『디지털 애니메이션』, 초록배매직스, 2000.

이수진, 『만화 기호학』, 씨엔씨 레볼루션, 2004.

이용배, 『애니메이션의 장르와 역사』, 살림, 2003.

자넷 머레이, 『인터랙티브 스토리텔링』(1998), 한용환·변지연 역,
　　안그라픽스, 2002.

조셉 캠벨, 『천의 얼굴을 가진 영웅』, 이윤기 역, 민음사, 2004.

진중권, 『놀이와 예술 그리고 상상력』, 휴머니스트, 2005.

크리스토퍼 보글러, 『신화, 영웅 그리고 시나리오 쓰기』, 함춘성
　　역, 무수우, 2005.

토미우리 진조, 『애니메이션 시나리오 작법』, 조미라·고재운 역,
　　모색, 1999.

프로프, 『민담형태론』(1929), 유영대 역, 새문사, 1987.

한창완, 『저패니메이션과 디즈니메이션의 영상전략』, 한울아카
　　데미, 2001.

황의웅, 『미야자키 하야오는 이렇게 창작했다』, 시공사, 2000.

디지털 애니메이션 스토리텔링

| 펴낸날 | 초판 1쇄 2004년 7월 30일 |
| | 초판 3쇄 2014년 12월 31일 |

지은이	배주영
펴낸이	심만수
펴낸곳	(주)살림출판사
출판등록	1989년 11월 1일 제9-210호

주소	경기도 파주시 광인사길 30
전화	031-955-1350 팩스 031-624-1356
기획·편집	031-955-4671
홈페이지	http://www.sallimbooks.com
이메일	book@sallimbooks.com

| ISBN | 978-89-522-0417-2 04080 |

※ 값은 뒤표지에 있습니다.
※ 잘못 만들어진 책은 구입하신 서점에서 바꾸어 드립니다.

384 삼위일체론

eBook

유해무(고려신학대학교 교수)

기독교에서 믿는 하나님은 어떤 존재일까? 성부 하나님과 성자 예수, 그리고 성령이 계시며, 이분들이 한 하나님임을 이야기하는 삼위일체론은 기독교 교회가 믿고 고백하는 핵심 교리다. 신구약 성경에 이 교리가 어떻게 나타나 있으며, 초기 기독교 교회의 예배와 의식에서 어떻게 구현되었고, 2천 년 동안의 교회 역사를 통해 어떤 도전과 변화를 겪으며 정식화되었는지를 일목요연하게 정리했다.

315 달마와 그 제자들

eBook

우봉규(소설가)

동아시아 불교의 특징은 선(禪)이다. 그리고 선 전통의 터를 닦은 이가 달마와 그에서 이어지는 여섯 조사들이다. 이 책은 달마, 혜가, 승찬, 도신, 홍인, 혜능으로 이어지는 선승들의 이야기를 통해 선불교의 기본사상을 이해하도록 돕는다.

041 한국교회의 역사

eBook

서정민(연세대 신학과 교수)

국내 전체인구의 25%를 점하고 있는 기독교. 하지만 우리는 한국 기독교의 역사에 대해서 너무나 무지하다. 이 책은 한국에 기독교가 처음 소개되던 당시의 수용과 갈등의 역사, 일제의 점령과 3·1운동 그리고 6·25 전쟁 등 굵직굵직한 한국사에서의 기독교의 역할과 저항, 한국 기독교가 분열되고 성장해 왔던 과정 등을 소개한다.

067 현대 신학 이야기

eBook

박만(부산장신대 신학과 교수)

이 책은 현대 신학의 대표적인 학자들과 최근의 신학계의 흐름을 해설한다. 20세기 전반기의 대표적인 신학자인 칼 바르트와 폴 틸리히, 디트리히 본회퍼, 그리고 현대 신학의 중요한 흐름인 해방신학과 과정신학 및 생태계 신학 등이 지닌 의미와 한계가 무엇인지를 친절하게 소개하고 있다.

099 아브라함의 종교 유대교|기독교|이슬람교 eBook

공일주(요르단대 현대언어과 교수)

이 책은 유대교, 이슬람교, 기독교가 아브라함이라는 동일한 뿌리에서 갈라져 나왔다는 점에 주목한다. 저자는 이를 추적함으로써 각각의 종교를 그리고 그 종교에서 나온 정치적, 역사적 흐름을 설명한다. 이스라엘과 팔레스타인으로 대변되는 다툼의 중심에는 신이 아브라함에게 그 땅을 주겠다는 약속이 있음을 명쾌하게 밝히고 있다.

221 종교개혁 이야기 eBook

이성덕(배재대 복지신학과 교수)

종교개혁은 단지 교회사적인 사건이 아닌, 유럽의 종교 · 사회 · 정치적 지형도를 바꾸어 놓은 사건이다. 이 책은 16세기 극렬한 투쟁 속에서 생겨난 개신교와 로마 카톨릭 간의 분열을 그 당시 치열한 삶을 살았던 개혁가들의 투쟁을 통해 보여 주고 있다. 마르틴 루터, 츠빙글리, 칼빈으로 이어지는 종파적 대립과 종교전쟁의 역사들이 한 편의 소설처럼 펼쳐진다.

263 기독교의 교파

남병두(침례신학대학교 교수)

하나의 교회가 역사적으로 어떻게 다양한 교파로 발전해왔는지를 한눈에 보여주는 책. 교회의 시작과 이단의 출현, 신앙 논쟁과 이를 둘러싼 갈등 등이 파노라마처럼 펼쳐진다. 사도행전에 나타난 교회의 시작과 이단의 출현에서부터 초기 교회의 분열, 로마가톨릭과 동방정교회의 분열, 16세기 종교개혁을 지나 18세기의 감리교와 성결운동까지 두루 살펴본다.

386 금강경

곽철환(동국대 인도철학과 졸업)

『금강경』은 대한불교조계종이 근본 경전으로 삼는 소의경전(所依經典)이다. 『금강경』의 핵심은 지혜의 완성이다. 즉 마음에 각인된 고착 관념이 허물어져 어디에도 집착하지 않는 상태를 말한다. 이 책은 구마라집의 『금강반야바라밀경』을 저본으로 삼아 해설했으며, 기존 번역의 문제점까지 일일이 지적해 독자들의 이해를 돕고자 했다.

013 인도신화의 계보

eBook

류경희(서울대 강사)

살아 있는 신화의 보고인 인도 신들의 계보와 특성, 신화 속에 담긴 사상과 가치관, 인도인의 세계관을 쉽게 설명한 책. 우주와 인간의 관계에 대한 일원론적 이해, 우주와 인간 삶의 순환적 시간관, 사회와 우주의 유기적 질서체계를 유지하려는 경향과 생태주의적 삶의 태도 등이 소개된다.

309 인도 불교사 붓다에서 암베드카르까지

eBook

김미숙(동국대 강사)

가우타마 붓다와 그로부터 시작된 인도 불교의 역사를 흥미롭고도 일목요연하게 정리한 책. 붓다가 출가해서, 그를 따르는 무리들이 생겨나고, 붓다가 생애를 마친 후 그 말씀을 보존하기 위해 경전을 만드는 등의 이야기들이 한눈에 들어온다. 또한 최근 인도에서 다시 불고 있는 불교의 바람에 대해 소개한다.

281 예수가 상상한 그리스도

김호경(서울장신대학교 교수)

예수가 그리스도라는 것은 어떤 의미인가? 이 책은 신앙적 고백과 백과사전적 지식 사이에서 현재 예수 그리스도가 가진 의미를 묻고 있다. 저자는 이러한 문제의식을 바탕으로 예수가 보여준 질서와 가치가 우리와 얼마나 다른지, 그를 따르는 것이 왜 우리에게 익숙하지 않은 일인지를 보여주고 있다.

346 왜 그 음식은 먹지 않을까

eBook

정한진(창원전문대 식품조리과 교수)

세계에는 수많은 금기음식들이 있다. 유대인과 이슬람교도들은 돼지고기를 먹지 않고, 힌두교도의 대부분은 소고기를 먹지 않는다. 개고기 식용에 관해서도 말들이 많다. 그들은 왜 그 음식들을 먹지 않는 것일까? 음식 금기 현상에 접근하는 다양한 방식을 통해 그 유래와 문화적 배경을 살펴보자.

eBook 표시가 되어있는 도서는 전자책으로 구매가 가능합니다.

㈜살림출판사
www.sallimbooks.com
주소 경기도 파주시 문발동 522-1 | 전화 031-955-1350 | 팩스 031-955-1355